ENSINANDO A TRANSGREDIR

bell hooks

ENSINANDO A TRANSGREDIR

TRADUÇÃO
marcelo brandão cipolla

a educação como prática da liberdade

Esta obra foi publicada originalmente em inglês com o título
TEACHING TO TRANSGRESS
por Taylor & Francis Group
© 1994 Glória Watkins
Tradução autorizada da edição inglesa publicada por Routledge Inc.
parte de Taylor & Francis Group LLC.
© 2013, Editora WMF Martins Fontes Ltda., São Paulo, para a presente edição.

Todos os direitos reservados. Este livro não pode ser reproduzido, no todo ou em parte, armazenado em sistemas eletrônicos recuperáveis nem transmitido por nenhuma forma ou meio eletrônico, mecânico ou outros, sem a prévia autorização por escrito do editor.

1ª EDIÇÃO 2013
3ª EDIÇÃO 2024

TRADUÇÃO Marcelo Brandão Cipolla
ACOMPANHAMENTO EDITORIAL Helena Guimarães Bittencourt
REVISÕES Renato da Rocha Carlos e Marisa Rosa Teixeira
PRODUÇÃO GRÁFICA Geraldo Alves
PAGINAÇÃO Renato Carbone
CAPA E PROJETO GRÁFICO Tereza Bettinardi e Lucas D'Ascenção (assistente de arte)
IMAGEM DA CAPA Mulambö, *Saquarema 3*, 2019

Dados Internacionais de Catalogação na Publicação (CIP)
(Câmara Brasileira do Livro, SP, Brasil)

hooks, bell
    Ensinando a transgredir : a educação como prática da liberdade / bell hooks ; tradução de Marcelo Brandão Cipolla. – 3. ed. – São Paulo : Editora WMF Martins Fontes, 2024. – (Coleção bell hooks).

    Título original: Teaching to transgress.
    ISBN 978-85-469-0682-6

    1. Ensino 2. Feminismo e educação 3. Pedagogia crítica 4. Pensamento crítico – Estudo e ensino I. Título.

24-225513   CDD-370.115

Índice para catálogo sistemático:
1. Pedagogia crítica : Educação   370.115

Cibele Maria Dias – Bibliotecária – CRB-8/9427

Todos os direitos desta edição reservados à
Editora WMF Martins Fontes Ltda.
Rua Prof. Laerte Ramos de Carvalho, 133   01325-030 São Paulo SP Brasil
Tel. (11) 3293-8150   e-mail: info@wmfmartinsfontes.com.br
http://www.wmfmartinsfontes.com.br

PREFÁCIO À EDIÇÃO BRASILEIRA .... **VII**
INTRODUÇÃO Ensinando a transgredir **1**

1 Pedagogia engajada **17**
2 Uma revolução de valores **31**
3 Abraçar a mudança **45**
4 Paulo Freire **59**
5 A teoria como prática libertadora **77**
6 Essencialismo e experiência **99**
7 De mãos dadas com minha irmã **119**
8 Pensamento feminista **141**
9 Estudos feministas **151**
10 A construção de uma comunidade pedagógica **163**
11 A língua **209**
12 Confrontação da classe social na sala de aula **221**
13 Eros, erotismo e o processo pedagógico **239**
14 Êxtase **251**

Índice remissivo **259**

PREFÁCIO À EDIÇÃO BRASILEIRA

Conheci bell hooks quando estava no doutorado em antropologia social escrevendo uma etnografia sobre salões étnicos na cidade de Belo Horizonte e analisando a potência do corpo e do cabelo como símbolos de construção da identidade negra. À época, minha querida amiga Eliane Borges (*in memoriam*) me enviou a tradução de um artigo da autora que depois veio a se tornar uma referência teórica para as pesquisadoras e os pesquisadores negros e não negros interessados pelas questões da construção da identidade e da estética negras. "Alisando o nosso cabelo" é o nome desse artigo ainda muito atual e que considero leitura obrigatória para quem investiga a temática.

Fiquei realmente encantada com as reflexões desse artigo, com a escrita fluida e assertiva da autora e com as aproximações da sua história de vida e seus dilemas da inter-relação entre a vivência do cabelo crespo, a afirmação da identidade e o contexto do racismo nos Estados Unidos. Mesmo que vivêssemos em contextos sociais e países diferentes, era incrível como nossas histórias de mulheres negras se entrecruzavam. E tenho certeza de que esse sentimento não é só meu. É também de muitas outras mulheres negras jovens e adultas que leram esse e outros textos de bell hooks. Eu me emocionei ao saber que partilhávamos as mesmas emoções e vivências de raça, gênero e classe, mesmo que não fôssemos próximas.

Quando soube da sua morte, no dia 15 de dezembro de 2021, chorei copiosamente como alguém que perde uma amiga querida. Um dos meus sonhos era conhecê-la e expressar-lhe o quanto os seus escritos impulsionaram a minha vida pessoal e acadêmica. Isso revela que somos regidas por uma energia ancestral, pois integramos a diáspora africana. Em nós, sujeitas e sujeitos afrodiaspóricos, habitam sentimentos comuns de resistência, amor e força, mesmo que estejamos geograficamente distantes. Somos parte de uma mesma comunidade. A violência e a perversidade do racismo, que extrapolam as fronteiras geográficas e culturais, não conseguiram nos roubar esse elo.

Quando li pela primeira vez o artigo supracitado de bell hooks estávamos entre o fim dos anos 1990 e o início dos anos 2000. Naquela época, havia poucas traduções em língua portuguesa da obra dessa autora, assim como de tantas outras mulheres feministas negras norte-americanas, afro-latino-americanas e caribenhas. Apenas recentemente assistimos ao interesse do mercado editorial brasileiro pela tradução dessa literatura.

Entendo que essa mudança é movida por vários motivos: os empresariais/capitalistas; o crescimento do combate ao racismo, reeducando a produção teórica; a construção de políticas de igualdade racial, que desencadearam as políticas afirmativas como resposta do Estado às históricas denúncias, demandas e proposições do movimento negro; e o crescente e pujante ativismo do movimento de mulheres negras.

No Brasil, o contexto das ações afirmativas nas instituições públicas de ensino superior pode ser considerado um fator importante para o aumento da procura de bibliografia nacional e internacional de escritoras e escritores negros brasileiros e estrangeiros. A maior presença de uma nova geração de jovens e feministas negras somou-se à de mulheres negras das gerações anteriores na busca de inspiração teórica e política. Além disso, estamos no momento do incremento das redes sociais e assistimos, nesse cenário, ao crescimento das *influencers* negras divulgando obras de ativistas negras, indicando livros, discutindo e debatendo temas de interesse da população negra. Reflito que tudo isso contribuiu para o crescimento e conhecimento das epistemologias negras, nas quais incluo a obra de bell hooks.

Essa conjuntura possibilitou a tradução para o português de obras seminais de autoras e autores negros estrangeiros, a reedição de obras esgotadas de autoria negra antes desprezada pelo mercado editorial brasileiro e a abertura desse mesmo mercado para a publicação de obras de escritoras e escritores negros brasileiros. As epistemologias negras passaram a encontrar um outro lugar de destaque na produção bibliográfica do nosso país, embora ainda não possamos considerar que a situação esteja a contento. Há ainda muitos talentos que não encontram espaço no mercado editorial.

É nessa movimentação que várias obras de bell hooks, antes conhecidas exclusivamente pelo público que domina a língua inglesa, começaram a ser traduzidas e a nossa sociedade deu mais um passo em direção à reeducação das relações étnico-raciais e de gênero.

Esse rápido histórico é para dizer que a nova publicação para o português do livro *Ensinando a transgredir*, que circulou entre nós desde o início dos anos 2000, é um ganho nacional e faz parte desse processo de visibilização e reconhecimento da potência epistemológica da produção das mulheres negras.

Trata-se de uma obra ousada que nos desafia a construir uma educação em sintonia com o mundo e com as realidades locais. Uma ação formativa que vai além dos limites da sala de aula. Um processo tenso, profundo e complexo, que carece cada vez mais de reflexão e de renovação do ato de educar.

A republicação deste livro, traduzida em língua portuguesa, faz parte de um movimento de valorização das produções teórica, literária, poética e cultural de mulheres negras, as quais são referência a uma renovação epistemológica que intersecciona raça, educação, conhecimento e política.

Em nosso país, existe um conjunto significativo de pessoas ávidas pelo acesso à variedade e multiplicidade de obras produzidas por autoras e autores negros nacionais e de outros países, em especial àquelas consideradas clássicas. Retomar a leitura deste livro que estava esgotado é um prazer e um presente, principalmente nesses tempos em que setores conservadores, fundamentalistas e reacionários atacam tanto a educação emancipatória e a produção crítica do conhecimento.

Ensinando a transgredir: a educação como prática da liberdade faz parte do conjunto inspirador de obras de bell hooks – a escritora e ativista Gloria Watkins. Em cada página é possível acompanhar o seu pensamento e a sua visão sobre a educação entendida como ato político e libertador. Nesse aspecto, suas ideias se inspiram nos escritos de Paulo Freire, que a instigaram a refletir ainda mais sobre as realidades de opressão e sobre o reconhecimento da subjetividade dos menos privilegiados – aqueles que levam em seus ombros a maior parte do peso das forças opressoras. Mas hooks vai além. Ela compreende a educação como transgressão. E essa é uma das inovações do seu pensamento. Mesmo que o livro tenha sido publicado no século XX, suas reflexões e análises continuam a dialogar com o nosso tempo e são instigantes para todas e todos que vivem no século XXI. Sobretudo para aquelas e aqueles que, apesar de todos os limites que encontramos nas práticas educativas e nas políticas educacionais de agora, jamais deixaram de acreditar na força emancipatória da educação como parte do projeto de mudança social e de luta por direitos.

Mas não é toda e qualquer prática educativa que pode ser compreendida como transgressora. O que motivou bell hooks a produzir esta obra seminal foi justamente o fato de que a maioria delas ainda é conservadora e acaba não educando para a autonomia. A autora propõe, portanto, que uma educação libertadora é aquela que não aprisiona o pensamento, a criatividade, a capacidade crítica e analítica das educandas e dos educandos. Antes, indaga a si mesma para, a cada dia, tornar-se mais inclusiva e transformadora. E isso só pode ser realizado por meio de uma pedagogia engajada.

O entendimento de hooks nos motiva e nos instiga a compreender como a educação libertadora pode ser um caminho para a emancipação pessoal e coletiva, especialmente para grupos historicamente subalternizados. A educação libertadora é aquela que orienta docentes e estudantes a compreenderem a sociedade de maneira crítica e reflexiva, a fim de nela intervirem para transformá-la e torná-la mais democrática. Uma democracia que acolha a diversidade de sujeitos, conhecimentos e práticas e estimule o pensamento crítico e a autonomia.

bell hooks nos oferece, neste livro, uma compreensão profunda e criativa sobre as mudanças necessárias para vivermos em um mundo diverso social, étnica, racial e culturalmente e analisa que essa complexidade não se coaduna com práticas educativas e valores que insistem em manter a cultura da dominação e um mundo sem liberdade. Um mundo sem liberdade acaba se tornando um espaço/tempo sem amor.

Para educar para a liberdade e acolher a ideia da transgressão, é importante compreender o sentido do verbo "transgredir" articulado à ideia de educação como prática da liberdade. Não se trata simplesmente de uma atitude de mero rompimento com as regras e normas sociais. É necessário que se construa relações pautadas no cultivo do amor, entendido como ato político. Talvez aqui encontremos o embrião da discussão que a autora desenvolve com maestria no seu livro intitulado *Tudo sobre o amor*.

Esse é um dos eixos para a construção de uma comunidade pedagógica, uma ação central para transformar a educação em um ato de libertação. Um processo que repudia a ideia de que a educação e as relações nela estabelecidas podem se resumir na simples transmissão de conhecimentos. Essa comunidade configura-se como um ambiente educativo e reeducativo no qual educadoras, educadores, educandas e educandos e suas famílias engajam-se em um processo participativo e dialógico. O conhecimento é construído de maneira conjunta, superando práticas de educação bancária, nos dizeres de Paulo Freire, a quem bell hooks teve a oportunidade de conhecer e com quem pôde aprender, dialogar, indagar e ir além.

Educação como transgressão exige coragem para desafiar as normas opressivas e excludentes que estruturam o sistema educacional de vários lugares do mundo. A transgressão da qual fala hooks é a ação libertadora de confiança nos sujeitos da educação, em especial naqueles e naquelas que pertencem aos grupos socialmente discriminados ao longo do processo histórico. É a criação de um espaço inclusivo e colaborativo, possível de construir uma relação de confiança entre docentes e estudantes, a fim de se tornarem agentes de mudança em suas próprias vidas e em suas comunidades.

Ensinando a transgredir coloca-nos diante do desafio e da análise das múltiplas possibilidades de reinventar a educação como um espaço de transformação, um processo contínuo de libertação da mente das amarras de dominação capitalista, machista e racista presentes na estrutura das nossas sociedades. É uma aposta de que a articulação entre transgressão e educação contribui para a construção de um mundo com mais justiça social e equidade.

É por essa via que bell hooks reflete sobre o conceito Eros – erotismo no processo pedagógico – de uma forma ousada e provocativa. Ela nos alerta para o fato de que a educação como prática para a liberdade é aquela que supera o dualismo metafísico ocidental que preconiza a cisão entre o corpo e a mente. Ao transgredirmos por meio de uma educação que nos liberta e liberta nossos(as) estudantes, traímos o legado de repressão e negação que nos foi transmitido pelas formas conservadoras de educação que marcam as trajetórias de nossas gerações e daquelas que nos antecederam. Como a própria autora afirma: "para além da esfera do pensamento crítico, é igualmente importante que entremos na sala de aula 'inteiras', não como corpos descarnados" (p. 241). Eros exprime energia vital, uma força que, segundo hooks, auxilia o nosso esforço geral de autoatualização que habilita tanto docentes quanto discentes a renovarem as discussões e excitarem a imaginação crítica na sala de aula.

O erotismo, nessa perspectiva, está ligado ao desejo de conhecer, à curiosidade e à paixão. Mostra-nos que a educação não é neutra e alerta-nos para o fato de que não existe um terreno emocional "plano" no qual podemos nos localizar para lidar com todos e todas de maneira igualmente desapaixonada.

É uma postura desafiadora, nós sabemos. E é na educação superior com as exigências acadêmicas, com a saga produtivista e as lógicas positivistas que ainda imperam na ciência hegemônica que a proposta da autora se torna ainda mais exigente atualmente. Ela afirma: "para devolver a paixão à sala de aula ou introduzi-la nas salas onde ela nunca esteve, os professores universitários têm de encontrar de novo o lugar do Eros dentro de nós e, juntos, permitir que a mente e o corpo sintam e conheçam o desejo" (p. 249).

Engana-se quem pensa que *Ensinando a transgredir* é um livro idílico. A autora, mulher negra, professora universitária, feminista e ativista das causas raciais sabe muito bem que a academia (e a educação escolar em si) não é um paraíso. Mas, mesmo diante de todos os limites da educação, ela reconhece que a sala de aula segue sendo um ambiente de possibilidades. Um espaço/tempo potente e que nos possibilita, coletiva e responsavelmente, imaginar formas de cruzar fronteiras e de transgredir e que podem ser profundamente transformadoras. E isso significa se contrapor às formas autoritárias e dominadoras de educar.

Somos convidadas e convidados a reinventar, repensar, refletir sobre a nossa própria realidade e sobre o mundo de forma a transformar e superar as estruturas de opressão da nossa sociedade que reverberam na educação.

Espero que a republicação da tradução de *Ensinando a transgredir* possa encontrar um número maior de educadoras e educadores negros e não negros que ousem transgredir e estejam construindo mais pedagogias progressistas diferentemente do que a própria autora encontrou no tempo em que registrou as suas potentes reflexões na forma de um livro.

Nilma Lino Gomes
Professora titular da Faculdade de Educação da Universidade Federal de Minas Gerais (FaE/UFMG)
Professora emérita da UFMG
Setembro de 2024

a todos os meus alunos,
especialmente LaRon,
que está dançando com os anjos,
como agradecimento por todas
as vezes em que começamos
de novo – do zero – renovamos
nossa alegria de aprender.

*"Ser capaz de recomeçar sempre,
de fazer, de reconstruir, de não se
entregar, de recusar burocratizar-se
mentalmente, de entender e de viver a
vida como processo, como vir a ser..."*

– Paulo Freire

INTRODUÇÃO

ENSINANDO A TRANSGREDIR

Durante algumas semanas, antes de o Departamento de Inglês do Oberlin College decidir me efetivar como professora, fui assombrada pelo sonho de fugir – de desaparecer –, até mesmo de morrer. O sonho não era uma reação ao medo de eu não conseguir a estabilidade no cargo. Era uma reação à realidade de que eu *ia* conseguir a estabilidade. Eu tinha medo de ficar presa na academia para sempre.

Em vez de ficar eufórica quando fui efetivada, caí numa depressão profunda que me pôs a vida em risco. Visto que todos ao meu redor achavam que eu devia me sentir aliviada, contente, orgulhosa, senti-me "culpada" por meus "verdadeiros" sentimentos e não consegui partilhá-los com ninguém. O ciclo de aulas me levou à ensolarada Califórnia e ao mundo *new age* da casa da minha irmã, em Laguna Beach, onde pude esfriar a cabeça por um mês. Quando partilhei meus sentimentos com minha irmã (ela é terapeuta), ela me garantiu que eles não eram nem um pouco impróprios. Disse: "Você nunca quis ser professora. Desde quando éramos pequenas, tudo o que você sempre quis foi escrever." Ela tinha razão. Todos sempre partiram do pressuposto de que eu seria professora. No Sul, na época do *apartheid*, as meninas negras de classe trabalhadora tinham três opções de carreira. Podíamos casar, podíamos trabalhar como empregadas e podíamos nos tornar professoras de escola. E visto que, de acordo com o pensamento sexista da época, os homens na verdade não gostavam de mulheres "inteligentes", partia-se do pressuposto de que quaisquer sinais de inteligência selavam o destino da pessoa. Desde o ensino fundamental, eu estava destinada a me tornar professora.

Mas o sonho de me tornar escritora sempre esteve presente dentro de mim. Desde a infância, eu acreditava que iria lecionar *e* escrever. O escrever seria o trabalho sério e o lecionar, o "emprego" não tão sério de que eu precisava para ganhar a vida. O escrever, conforme pensava então, era uma questão de anseio particular e glória pessoal, enquanto o lecionar era um serviço, uma forma de retribuir à comunidade. Para os negros, o lecionar – o educar – era fundamentalmente político, pois tinha raízes na luta antirracista. Com efeito, foi nas escolas de ensino fundamental, frequentadas somente por negros, que eu tive a experiência do aprendizado como revolução.

Quase todos os professores da escola Booker T. Washington eram mulheres negras. O compromisso delas era nutrir nosso intelecto para que pudéssemos nos tornar acadêmicos, pensadores e trabalhadores do setor cultural – negros que usavam a "cabeça". Aprendemos desde cedo que nossa devoção ao estudo, à vida do intelecto, era um ato contra-hegemônico, um modo fundamental de resistir a todas as estratégias brancas de colonização racista. Embora não definissem nem formulassem essas práticas em termos teóricos, minhas professoras praticavam uma pedagogia revolucionária de resistência, uma pedagogia profundamente anticolonial. Nessas escolas segregadas, as crianças negras consideradas excepcionalmente dotadas recebiam atenção especial. As professoras trabalhavam conosco e para nós a fim de garantir que realizássemos nosso destino intelectual e, assim, edificássemos a raça. Minhas professoras tinham uma missão.

Para cumprir essa missão, as professoras faziam de tudo para nos "conhecer". Elas conheciam nossos pais, nossa condição econômica, sabiam a que igreja íamos, como era nossa casa e como nossa família nos tratava. Frequentei a escola num momento histórico em que era ensinada pelas mesmas professoras que haviam dado aula a minha mãe, às irmãs e aos irmãos dela. Meu esforço e minha capacidade para aprender sempre eram contextualizados dentro da estrutura de experiência das várias gerações da família. Certos comportamentos, gestos e hábitos de ser eram considerados hereditários.

Naquela época, ir à escola era pura alegria. Eu adorava ser aluna. Adorava aprender. A escola era o lugar do êxtase – do prazer e do perigo. Ser transformada por novas ideias era puro prazer. Mas aprender ideias que contrariavam os valores e crenças aprendidos em casa era correr um risco, entrar na zona de perigo. Minha casa era o lugar onde eu era obrigada a me conformar à noção de outra pessoa acerca de quem e o que eu deveria ser. A escola era o lugar onde eu podia esquecer essa noção e me reinventar através das ideias.

A escola mudou radicalmente com a integração racial. O zelo messiânico de transformar nossa mente e nosso ser, que caracterizava os professores e suas práticas pedagógicas nas escolas exclusivamente negras, era coisa do passado. De repente, o conhecimento passou a se resumir à pura informação. Não tinha relação com o modo de viver e de se comportar. Já não tinha ligação com a luta antirracista. Levados de ônibus a escolas de brancos, logo aprendemos que o que se esperava de nós era a obediência, não o desejo ardente de aprender. A excessiva ânsia de aprender era facilmente entendida como uma ameaça à autoridade branca.

Quando entramos em escolas brancas, racistas e dessegregadas, deixamos para trás um mundo onde os professores acreditavam que precisavam de um compromisso político para educar corretamente as crianças negras. De repente, passamos a ter aula com professores brancos cujas lições reforçavam os estereótipos racistas. Para as crianças negras, a educação já não tinha a ver com a prática da liberdade. Quando percebi isso, perdi o gosto pela escola. A sala de aula já não era um lugar de prazer ou de êxtase. A escola ainda era um ambiente político, pois éramos obrigados a enfrentar a todo momento os pressupostos racistas dos brancos de que éramos geneticamente inferiores, menos capacitados que os colegas, até incapazes de aprender. Apesar disso, essa política já não era contra-hegemônica. O tempo todo, estávamos somente respondendo e reagindo aos brancos.

Essa transição das queridas escolas exclusivamente negras para escolas brancas onde os alunos negros eram sempre vistos como penetras, como gente que não deveria estar ali, me ensinou a diferença entre a educação como prática da liberdade e a educação que só trabalha para reforçar a dominação. Os raros professores brancos que ousavam resistir, que não permitiam que as parcialidades racistas determinassem seu modo de ensinar, mantinham viva a crença de que o aprendizado, em sua forma mais poderosa, tem de fato um potencial libertador. Alguns professores negros haviam se juntado a nós no processo de dessegregação. E, embora tivessem mais dificuldade, continuaram apoiando os alunos negros mesmo diante da suspeita de estarem favorecendo sua própria raça.

Apesar das experiências intensamente negativas, me formei na escola ainda acreditando que a educação é capacitante, que ela aumenta nossa capacidade de ser livres. Quando comecei o curso de graduação na Universidade Stanford, me fascinei pelo processo de me tornar uma intelectual negra insurgente. Fiquei surpresa e chocada ao assistir a aulas em que os professores não se entusiasmavam com o ato de ensinar, em que pareciam não ter a mais vaga noção de que a educação tem a ver com a prática da liberdade. Na faculdade, reforçou-se a principal lição: tínhamos de aprender a obedecer à autoridade.

No curso de graduação, a sala de aula se tornou um objeto de ódio, mas era um lugar onde eu lutava para reivindicar e conservar o direito de ser uma pensadora independente. A universidade e a sala de aula começaram a se parecer mais com uma prisão, um lugar de castigo e reclusão, e não de promessa e possibilidade. Escrevi meu primeiro livro enquanto fazia o curso de graduação, embora ele só tenha sido publicado anos depois. Estava escrevendo; mas, mais importante, estava me preparando para ser professora.

Aceitando a profissão de professora como meu destino, eu me atormentava com a realidade das salas de aula que conhecera como aluna de graduação e pós-graduação. A grande maioria dos nossos professores não dispunham de habilidades básicas de comunicação. Não eram autoatualizados e frequentemente usavam a sala de aula para executar rituais de controle cuja essência era a dominação e o exercício injusto do poder. Nesse ambiente, aprendi muito sobre o tipo de professora que eu não queria ser.

Na pós-graduação, constatei que eu me entediava com frequência na sala de aula. O sistema de educação bancária (baseado no pressuposto de que a memorização de informações e sua posterior regurgitação representam uma aquisição de conhecimentos que podem ser depositados, guardados e usados numa data futura) não me interessava. Eu queria me tornar uma pensadora crítica. Mas essa vontade era vista como uma ameaça à autoridade. Os alunos brancos (homens) considerados "excepcionais" frequentemente tinham permissão para traçar por si mesmos o curso de sua jornada intelectual, mas dos outros (e particularmente dos de grupos marginais) só se esperava que se conformassem. Qualquer falta de conformidade da nossa parte era vista com suspeita, como um gesto vazio de desafio cujo objetivo era mascarar a inferioridade ou um trabalho abaixo do padrão. Naquela época, os alunos oriundos de grupos marginais que tinham permissão para entrar em faculdades prestigiadas e predominantemente brancas eram levados a sentir que não estavam lá para aprender, mas para provar que eram iguais aos brancos. Estávamos lá para provar isso mostrando o quanto éramos capazes de nos tornar clones de nossos colegas. À medida que nos deparávamos com os constantes preconceitos, uma corrente oculta de tensão afetava nossa experiência de aprendizado.

Para reagir a essa tensão e ao tédio e apatia onipresentes que tomavam conta das aulas, eu imaginava modos pelos quais o ensino e a experiência de aprendizado poderiam ser diferentes. Quando descobri a obra do pensador brasileiro Paulo Freire, meu primeiro contato com a pedagogia crítica, encontrei nele um mentor e um guia, alguém que entendia que o aprendizado poderia ser libertador. Com os ensinamentos dele e minha crescente compreensão de como a educação que eu recebera nas escolas exclusivamente negras do Sul havia me fortalecido, comecei a desenvolver um modelo para minha prática pedagógica. Já profundamente engajada no pensamento feminista, não tive dificuldade em aplicar essa crítica à obra de Freire. Significativamente, eu sentia que esse mentor e guia, que eu nunca vira pessoalmente, estimularia e apoiaria minha contestação às suas ideias se fosse realmente comprometido com a educação como prática da liberdade. Ao mesmo tempo, eu usava seus paradigmas pedagógicos para criticar as limitações das salas de aula feministas.

Durante os anos que passei na graduação e na pós-graduação, somente professoras brancas estavam envolvidas no desenvolvimento de programas de Estudos da Mulher. E, embora a primeira aula que dei como estudante de pós-graduação tenha falado sobre as escritoras negras de uma perspectiva feminista, ela aconteceu no contexto de um programa de Estudos Negros. Descobri naquela época que as professoras brancas não estavam muito dispostas a promover o interesse pelo pensamento feminista e pelos estudos feministas entre as alunas negras se esse interesse viesse acompanhado de alguma contestação crítica. Mas essa falta de interesse não me impediu de me envolver com ideias feministas nem de participar da sala de aula feminista. Essas salas de aula eram o único espaço onde as práticas pedagógicas eram questionadas, onde se partia do princípio de que o conhecimento oferecido aos alunos os capacitaria a ser acadêmicos melhores e a viver com mais plenitude no mundo extra-acadêmico. A sala de aula feminista era o único espaço onde os alunos podiam levantar questões críticas sobre os processos pedagógicos. Essas críticas nem sempre eram estimuladas ou bem recebidas, mas eram permitidas. Essa mínima aceitação do questionamento crítico era um desafio crucial que nos convidava, como alunos, a pensar seriamente sobre a pedagogia em sua relação com a prática da liberdade.

Quando fui dar minha primeira aula no curso de graduação, me apoiei no exemplo das inspiradas mulheres negras que davam aula na minha escola de ensino fundamental, na obra de Freire e no pensamento feminista sobre a pedagogia radical. Eu tinha o desejo apaixonado de lecionar de um modo diferente daquele que eu conhecia desde o ensino médio. O primeiro paradigma que moldou minha pedagogia foi a ideia de que a sala de aula deve ser um lugar de entusiasmo, nunca de tédio. E, caso o tédio prevalecesse, seriam necessárias estratégias pedagógicas que interviessem e alterassem a atmosfera, até mesmo a perturbassem. Nem a obra de Freire nem a pedagogia feminista trabalhavam a noção do prazer na sala de aula. A ideia de que aprender deve ser empolgante, às vezes até "divertido", era tema de discussão crítica entre os educadores que escreviam sobre as práticas pedagógicas no ensino fundamental e às vezes até no ensino médio. Mas nem os educadores tradicionais nem os radicais pareciam interessados em discutir o papel do entusiasmo no ensino superior.

O *entusiasmo* no ensino superior era visto como algo que poderia perturbar a atmosfera de seriedade considerada essencial para o processo de aprendizado. Entrar numa sala de aula de faculdade munida da vontade de partilhar o desejo de estimular o entusiasmo era um ato de transgressão. Não exigia somente que se cruzassem as fronteiras estabelecidas; não seria possível gerar o entusiasmo sem reconhecer plenamente que as práticas didáticas não poderiam ser regidas por um esquema fixo e absoluto. Os esquemas teriam de ser flexíveis, teriam de levar em conta a possibilidade de mudanças espontâneas de direção. Os alunos teriam de ser vistos de acordo com suas particularidades individuais (me inspirei nas estratégias que as professoras do ensino fundamental usavam para nos conhecer), e a interação com eles teria de acompanhar suas necessidades (nesse ponto Freire foi útil). A reflexão crítica sobre minha experiência como aluna em salas de aula tediosas me habilitou a imaginar não somente que a sala de aula poderia ser empolgante, mas também que esse entusiasmo poderia coexistir com uma atividade intelectual e/ou acadêmica séria, e até promovê-la.

Mas o entusiasmo pelas ideias não é suficiente para criar um processo de aprendizado empolgante. Na comunidade da sala de aula, nossa capacidade de gerar entusiasmo é profundamente afetada pelo nosso interesse uns pelos outros, por ouvir a voz uns dos outros, por reconhecer a presença uns dos outros. Visto que a grande maioria dos alunos aprende por meio de práticas educacionais tradicionais e conservadoras e só se interessa pela presença do professor, qualquer pedagogia radical precisa insistir em que a presença de todos seja reconhecida. E não basta simplesmente afirmar essa insistência. É preciso demonstrá-la por meio de práticas pedagógicas. Para começar, o professor precisa *valorizar* de verdade a presença de cada um. Precisa reconhecer permanentemente que todos influenciam a dinâmica da sala de aula, que todos contribuem. Essas contribuições são recursos. Usadas de modo construtivo, elas promovem a capacidade de qualquer turma de criar uma comunidade aberta de aprendizado. Muitas vezes, antes de o processo começar, é preciso desconstruir um pouco a noção tradicional de que o professor é o único responsável pela dinâmica da sala. Essa responsabilidade é proporcional ao *status*. Fato é que o professor sempre será o principal responsável, pois as estruturas institucionais maiores sempre depositarão sobre seus ombros a responsabilidade pelo que acontece em sala de aula. Mas é raro que qualquer professor, por eloquente que seja, consiga gerar por meio de seus atos um entusiasmo suficiente para criar uma sala de aula empolgante. O entusiasmo é gerado pelo esforço coletivo.

A visão constante da sala de aula como um espaço comunitário aumenta a probabilidade de haver um esforço coletivo para criar e manter uma comunidade de aprendizado. Houve um semestre em que dei aula a uma turma muito difícil que fracassou completamente no nível comunitário. Em todo aquele período, concluí que a principal desvantagem a inibir o desenvolvimento de uma comunidade de aprendizado era o fato de a aula acontecer de manhã cedo, antes das nove horas. Quase sempre, entre um terço e metade dos alunos não estavam plenamente despertos. Esse fato, associado à tensão das "diferenças", foi impossível de superar. De vez em quando tínhamos uma aula animada, mas no geral a sala era tediosa. Passei a odiar tanto aquela turma que morria de medo de não acordar a tempo de dar aula. Na véspera (apesar dos despertadores, da chamada telefônica e de saber por experiência que eu nunca tinha perdido uma única aula por esquecimento), eu não conseguia dormir. Mas, em vez de chegar com sono, eu tendia a chegar tensa, cheia de uma energia que poucos alunos espelhavam.

O horário era apenas um dos fatores que impediam essa turma de se tornar uma comunidade de aprendizado. Por razões que não consigo explicar, ela também era cheia de alunos "resistentes" que não queriam aprender novos processos pedagógicos, não queriam estar numa sala que de algum modo se desviasse da norma. Esses alunos tinham medo de transgredir as fronteiras. E, embora não fossem a maioria, seu rígido espírito de resistência sempre parecia mais forte que qualquer disposição à abertura intelectual e ao prazer no aprendizado. Essa turma, mais que qualquer outra, me levou a abandonar de vez a ideia de que o professor, pela simples força de sua vontade e de seu desejo, é capaz de fazer da sala de aula uma comunidade de aprendizado entusiasmada.

Antes de dar aula nessa turma, eu achava que *Ensinando a transgredir: a educação como prática da liberdade* seria um livro de ensaios dirigidos principalmente aos professores. Quando o semestre terminou, comecei a escrever sabendo que estava falando não só com os professores, mas também com os alunos. O campo acadêmico de escrever sobre a pedagogia crítica e/ou a pedagogia feminista continua sendo antes de tudo um discurso feito e ouvido por homens e mulheres brancos. O próprio Freire, não só em suas conversas comigo como também em várias obras escritas, sempre reconheceu que se situa na posição do homem branco, especialmente aqui nos Estados Unidos. Mas, em anos recentes, a obra de vários pensadores da pedagogia radical (para mim, esse termo inclui as perspectivas crítica e/ou feminista) passou a incluir um verdadeiro reconhecimento das diferenças – determinadas pela classe social, pela raça, pela prática sexual, pela nacionalidade e por aí afora. Esse progresso, entretanto, não parece coincidir com uma presença significativamente maior de vozes negras, ou de outras vozes não brancas, nas discussões sobre as práticas pedagógicas radicais.

Minhas práticas pedagógicas nasceram da interação entre as pedagogias anticolonialista, crítica e feminista, cada uma das quais ilumina as outras. Essa mistura complexa e única de múltiplas perspectivas tem sido um ponto de vista envolvente e poderoso a partir do qual trabalhar. Transpondo as fronteiras, ele possibilitou que eu imaginasse e efetivasse práticas pedagógicas que implicam diretamente a preocupação de questionar as parcialidades que reforçam os sistemas de dominação (como o racismo e o sexismo) e ao mesmo tempo proporcionam novas maneiras de dar aula a grupos diversificados de alunos.

Neste livro, quero partilhar ideias, estratégias e reflexões críticas sobre a prática pedagógica. Quero que estes ensaios sejam uma intervenção – contrapondo-se à desvalorização da atividade do professor e, ao mesmo tempo, tratando da urgente necessidade de mudar as práticas de ensino. Eles têm o objetivo de ser um comentário construtivo. Esperançosos e exuberantes, transmitem o prazer e a alegria que sinto quando dou aula; são ensaios de celebração. Ressaltam que o prazer de ensinar é um ato de resistência que se contrapõe ao tédio, ao desinteresse e à apatia onipresentes que tanto caracterizam o modo como professores e alunos se sentem diante do aprender e do ensinar, diante da experiência da sala de aula.

Cada ensaio trata de temas comuns que sempre ressurgem nas discussões sobre pedagogia, propondo maneiras de repensar as práticas de ensino e estratégias construtivas para melhorar o aprendizado. Como foram escritos separadamente para os mais diversos contextos, eles têm certos temas em comum; ideias se repetem, frases importantes são usadas várias vezes. Embora eu proponha estratégias, estas obras não oferecem modelos para transformar a sala de aula num lugar de entusiasmo pelo aprendizado. Se eu fizesse isso, iria contra a insistência com que a pedagogia engajada afirma que cada sala de aula é diferente, que as estratégias têm de ser constantemente modificadas, inventadas e reconceitualizadas para dar conta de cada nova experiência de ensino.

Ensinar é um ato teatral. E é esse aspecto do nosso trabalho que proporciona espaço para as mudanças, a invenção e as alterações espontâneas que podem atuar como catalisadoras para evidenciar os aspectos únicos de cada turma. Para abraçar o aspecto teatral do ensino, temos de interagir com a "plateia", de pensar na questão da reciprocidade. Os professores não são atores no sentido tradicional do termo, pois nosso trabalho não é um espetáculo. Por outro lado, esse trabalho deve ser um catalisador que conclame todos os presentes a se engajar cada vez mais, a se tornar partes ativas no aprendizado.

Assim como muda nossa maneira de atuar, também nossa "voz" deve mudar. Na vida cotidiana, falamos de um jeito diferente com as diferentes plateias. Para nos comunicar melhor, escolhemos um jeito de falar determinado pelas particularidades e características únicas das pessoas a quem e com quem estamos falando. Nesse espírito, nem todos estes ensaios têm a mesma voz. Refletem meu esforço de usar a linguagem de modo a levar em conta os contextos específicos, bem como meu desejo de me comunicar com plateias diversificadas. Para lecionar em comunidades diversas, precisamos mudar não só nossos paradigmas, mas também o modo como pensamos, escrevemos e falamos. A voz engajada não pode ser fixa e absoluta. Deve estar sempre mudando, sempre em diálogo com um mundo fora dela.

Estes ensaios refletem minha experiência de discussões críticas com professores, alunos e pessoas que entraram nas minhas aulas como observadoras. Em múltiplas camadas, portanto, eles querem se pôr como testemunhas, depondo sobre a educação como prática da liberdade. Muito antes de um público qualquer me reconhecer como pensadora ou escritora, eu já era reconhecida pelos alunos na sala de aula – era vista por eles como uma professora que dava duro para criar uma experiência dinâmica de aprendizado para todos nós. Hoje em dia, sou mais reconhecida pela prática intelectual insurgente. Aliás, o público acadêmico que encontro em minhas palestras sempre se mostra surpreso quando falo da sala de aula com intimidade e sentimento. Esse público se surpreendeu mais ainda quando eu disse que estava escrevendo uma coletânea de ensaios sobre o ato de ensinar. Essa surpresa é um triste lembrete de que o ensino é considerado um aspecto mais enfadonho e menos valorizado da atividade acadêmica. Essa perspectiva sobre o ensino é comum, mas tem de ser posta em questão para podermos atender às necessidades de nossos alunos, para podermos devolver à educação e às salas de aula o entusiasmo pelas ideias e a vontade de aprender.

A educação está numa crise grave. Em geral, os alunos não querem aprender e os professores não querem ensinar. Mais que em qualquer outro momento da história recente dos Estados Unidos, os educadores têm o dever de confrontar as parcialidades que têm moldado as práticas pedagógicas em nossa sociedade e de criar novas maneiras de saber, estratégias diferentes para partilhar o conhecimento. Não poderemos enfrentar a crise se os pensadores críticos e os críticos sociais progressistas agirem como se o ensino não fosse um objeto digno da sua consideração.

A sala de aula continua sendo o espaço que oferece as possibilidades mais radicais na academia. Há anos é um lugar onde a educação é solapada tanto pelos professores quanto pelos alunos, que buscam todos usá-la como plataforma para seus interesses oportunistas em vez de fazer dela um lugar de aprendizado. Com estes ensaios, somo minha voz ao apelo coletivo pela renovação e pelo rejuvenescimento de nossas práticas de ensino. Pedindo a todos que abram a cabeça e o coração para conhecer o que está além das fronteiras do aceitável, para pensar e repensar, para criar novas visões, celebro um ensino que permita as transgressões – um movimento contra as fronteiras e para além delas. É esse movimento que transforma a educação na prática da liberdade.

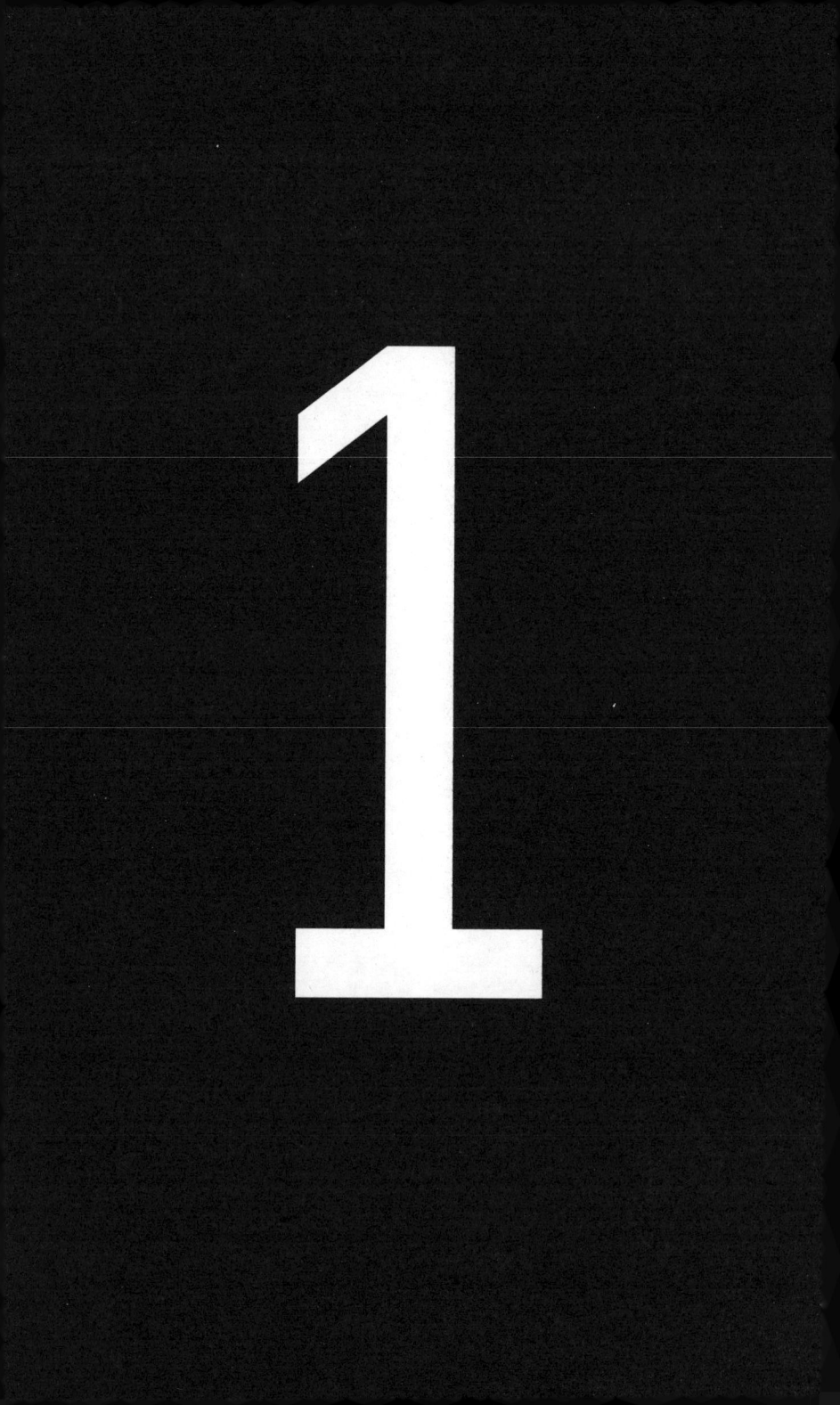

PEDAGOGIA ENGAJADA

A educação como prática da liberdade é um jeito de ensinar que qualquer um pode aprender. Esse processo de aprendizado é mais fácil para aqueles professores que também creem que sua vocação tem um aspecto sagrado; que creem que nosso trabalho não é o de simplesmente partilhar informação, mas sim o de participar do crescimento intelectual e espiritual dos nossos alunos. Ensinar de um jeito que respeite e proteja a alma de nossos alunos é essencial para criar as condições necessárias para que o aprendizado possa começar do modo mais profundo e mais íntimo.

Ao longo de meus muitos anos como aluna e professora, fui inspirada sobretudo por aqueles professores que tiveram coragem de transgredir as fronteiras que fecham cada aluno numa abordagem do aprendizado como uma rotina de linha de produção. Esses professores se aproximam dos alunos com a vontade e o desejo de responder ao ser único de cada um, mesmo que a situação não permita o pleno surgimento de uma relação baseada no reconhecimento mútuo. Por outro lado, a possibilidade desse reconhecimento está sempre presente.

Paulo Freire e o monge budista vietnamita Thich Nhat Hanh são dois "professores" cuja obra me tocou profundamente. Quando entrei na faculdade, o pensamento de Freire me deu o apoio de que eu precisava para desafiar o sistema da "educação bancária", a abordagem baseada na noção de que tudo o que os alunos precisam fazer é consumir a informação dada por um professor e ser capazes de memorizá-la e armazená-la. Desde o começo, foi a insistência de Freire na educação como prática da liberdade que me encorajou a criar estratégias para o que ele chamava de "conscientização" em sala de aula. Traduzindo esse termo como consciência e engajamento críticos, entrei nas salas de aula convicta de que tanto eu quanto todos os alunos tínhamos de ser participantes ativos, não consumidores passivos. A educação como prática da liberdade era continuamente solapada por professores ativamente hostis à noção de participação dos alunos. A obra de Freire afirmava que a educação só pode ser libertadora quando todos tomam posse do conhecimento como se este fosse uma plantação em que todos temos de trabalhar. Essa noção de trabalho coletivo também é afirmada pela filosofia do budismo engajado de Thich Nhat Hanh, focada na prática associada à contemplação. Sua filosofia é semelhante à insistência de Freire na "práxis" – agir e refletir sobre o mundo a fim de modificá-lo.

Em sua obra, Thich Nhat Hanh sempre compara o professor a um médico ou curador. Sua abordagem, como a de Freire, pede que os alunos sejam participantes ativos, liguem a consciência à prática. Enquanto Freire se ocupa sobretudo da mente, Thich Nhat Hanh apresenta uma maneira de pensar sobre a pedagogia que põe em evidência a integridade, uma união de mente, corpo e espírito. Sua abordagem holística ao aprendizado e à prática espiritual me permitiu vencer anos e anos de socialização que haviam me levado a acreditar que a sala de aula perde importância quando os alunos e professores encaram uns aos outros como seres humanos "integrais", buscando não somente o conhecimento que está nos livros, mas também o conhecimento acerca de como viver no mundo.

Nestes vinte anos de experiência de ensino, percebi que os professores (qualquer que seja sua tendência política) dão graves sinais de perturbação quando os alunos querem ser vistos como seres humanos integrais, com vidas e experiências complexas, e não como meros buscadores de pedacinhos compartimentalizados de conhecimento. Quando eu era aluna de graduação, os Estudos da Mulher estavam apenas começando a encontrar seu lugar na academia. Aquelas aulas eram o único espaço em que as professoras estavam dispostas a admitir que existe uma ligação entre as ideias aprendidas no contexto universitário e as aprendidas pela prática da vida. E, apesar dos momentos em que os alunos abusavam dessa liberdade em sala de aula e queriam falar somente sobre sua experiência pessoal, as salas de aula feministas eram, no geral, o lugar onde eu via as professoras buscando criar espaços participativos para a partilha de conhecimento. Hoje em dia, a maioria das professoras de Estudos da Mulher já não é tão comprometida com a exploração de novas estratégias pedagógicas. Apesar dessa mudança, muitos alunos ainda querem fazer os cursos feministas porque continuam acreditando que ali, mais que em qualquer outro lugar na academia, vão ter a oportunidade de experimentar a educação como prática da liberdade.

A educação progressiva e holística, a "pedagogia engajada", é mais exigente que a pedagogia crítica ou feminista convencional. Ao contrário destas duas, ela dá ênfase ao bem-estar. Isso significa que os professores devem ter o compromisso ativo com um processo de autoatualização que promova seu próprio bem-estar. Só assim poderão ensinar de modo a fortalecer e capacitar os alunos. Thich Nhat Hanh ressalta que "a prática do curador, do terapeuta, do professor ou de qualquer profissional de assistência deve ser dirigida primeiro para ele mesmo. Se a pessoa que ajuda estiver infeliz, não poderá ajudar a muita gente". Nos Estados Unidos, é raro ouvir alguém comparar os professores universitários a curadores. E é ainda mais raro ouvir alguém afirmar que os professores têm a responsabilidade de ser indivíduos autoatualizados.

Antes de entrar na faculdade, eu conhecia o trabalho dos intelectuais e acadêmicos principalmente a partir da ficção e da não ficção do século XIX, e por isso tinha certeza de que a tarefa dos que escolhem essa vocação é a de buscar holisticamente a autoatualização. Foi a experiência concreta da faculdade que perturbou essa imagem. Foi ali que eu passei a me sentir terrivelmente ingênua a respeito da "profissão". Aprendi que, longe de ser autoatualizada, a universidade era vista antes como um porto seguro para pessoas competentes em matéria de conhecimento livresco, mas inaptas para a interação social. Por sorte, durante o curso de graduação comecei a distinguir entre a prática de ser um intelectual/professor e o papel de membro da academia.

Era difícil continuar fiel à ideia do intelectual como uma pessoa que buscava ser íntegra – num contexto em que pouco se ressaltava o bem-estar espiritual, o cuidado da alma. Com efeito, a objetificação do professor dentro das estruturas educacionais burguesas parecia depreciar a noção de integridade e sustentar a ideia de uma cisão entre mente e corpo, uma ideia que promove e apoia a compartimentalização.

Esse apoio reforça a separação dualista entre o público e o privado, estimulando os professores e os alunos a não ver ligação nenhuma entre as práticas de vida, os hábitos de ser e os papéis professorais. A ideia da busca do intelectual por uma união de mente, corpo e espírito tinha sido substituída pela noção de que a pessoa inteligente é intrinsecamente instável do ponto de vista emocional e só mostra seu melhor lado no trabalho acadêmico. Isso queria dizer que pouco importava que os acadêmicos fossem drogados, alcoólatras, espancadores da esposa ou criminosos sexuais; o único aspecto importante da nossa identidade era o fato de nossa mente funcionar ou não, ou sermos capazes de fazer nosso trabalho na sala de aula. Estava implícito que o eu desaparecia no momento em que entrávamos na sala, deixando em seu lugar somente a mente objetiva – livre de experiências e parcialidades. Temia-se que as condições do eu prejudicassem o processo de ensino. Um dos luxos e privilégios atuais do papel de professor escolar ou universitário é a ausência do requisito de que o professor seja autoatualizado. Não surpreende que os professores menos preocupados com o bem-estar interior sejam os que mais se sentem ameaçados pela exigência estudantil de uma educação libertadora, de processos pedagógicos que ajudem os alunos em sua luta pela autoatualização.

É certo que eu era ingênua ao imaginar, durante o ensino médio, que receberia orientação espiritual e intelectual da parte de escritores, pensadores e acadêmicos no contexto universitário. Encontrar uma tal coisa seria o mesmo que descobrir um tesouro precioso. Aprendi, junto com os outros alunos, a me dar por contente se encontrasse um professor interessante capaz de falar de maneira envolvente. A maioria dos meus professores não estavam nem um pouco interessados em nos esclarecer. Mais que qualquer outra coisa, pareciam fascinados pelo exercício do poder e da autoridade dentro do seu reininho – a sala de aula.

Não quero dizer que não houvesse tiranos encantadores e benevolentes, mas minha memória me diz que era raro – extraordinariamente, assombrosamente raro – encontrar professores profundamente comprometidos com práticas pedagógicas progressistas. Isso me desiludiu; a maioria dos meus professores não me despertou o desejo de imitar seu estilo de ensino.

O compromisso com a busca de conhecimento me deu força para continuar assistindo às aulas. Mas mesmo assim, como eu não era conformista – não era uma aluna passiva, que não questiona –, alguns professores me tratavam com desprezo. Eu estava aos poucos me distanciando da educação. Em meio a esse distanciamento, encontrar Freire foi fundamental para minha sobrevivência como estudante. A obra dele me mostrou um caminho para compreender as limitações do tipo de educação que eu estava recebendo e, ao mesmo tempo, para descobrir estratégias alternativas de aprender e ensinar. Uma coisa que me decepcionou muito foi conhecer professores brancos, homens, que afirmavam seguir o modelo de Freire ao mesmo tempo que suas práticas pedagógicas estavam presas às estruturas de dominação, espelhando os estilos dos professores conservadores, embora os temas fossem abordados de um ponto de vista mais progressista.

Quando conheci a obra de Paulo Freire, fiquei ansiosa para saber se seu estilo de ensino incorporava as práticas pedagógicas que ele descrevia com tanta eloquência em sua obra. No curto período em que estudei com ele, fui profundamente tocada por sua presença, pelo modo com que sua maneira de ensinar exemplificava sua teoria pedagógica. (Nem todos os estudantes interessados em Freire tiveram a mesma experiência.) Minha experiência com ele me devolveu a fé na educação libertadora. Eu nunca quisera abandonar a convicção de que é possível dar aula sem reforçar os sistemas de dominação existentes. Precisava ter certeza de que os professores não têm de ser tiranos na sala de aula.

Embora quisesse seguir carreira de professora, eu acreditava que o sucesso pessoal estava intimamente ligado à autoatualização. Minha paixão por essa busca me levou a questionar constantemente a cisão entre mente e corpo, tantas vezes tomada como ponto pacífico. A maioria dos professores eram radicalmente contra – chegavam até a desprezar – qualquer abordagem ao aprendizado nascida de um ponto de vista filosófico que enfatizasse a união de mente, corpo e espírito e não a separação entre esses elementos. Como tantos alunos a quem agora dou aula, ouvi várias vezes, de acadêmicos prestigiados, a opinião de que era engano meu procurar aquele tipo de perspectiva na academia. Durante os anos em que fui estudante, senti uma profunda angústia interna. Lembro-me dessa dor quando ouço os alunos expressar o medo de não obter êxito nas profissões acadêmicas caso queiram se sentir bem, caso repudiem todo comportamento disfuncional e toda participação nas hierarquias coercitivas. Esses alunos muitas vezes temem, como eu temia, que não haja na academia nenhum espaço onde a vontade de autoatualização possa ser afirmada.

Esse medo existe porque muitos professores reagem de modo profundamente hostil à visão da educação libertadora que liga a vontade de saber à vontade de vir a ser. Nos círculos professorais, muitos indivíduos se queixam amargamente de que os alunos querem que as aulas sejam uma espécie de "terapia de grupo". Embora seja irrazoável da parte dos alunos ter a expectativa de que as aulas sejam sessões de terapia, é adequado terem a esperança de que o conhecimento recebido nesse contexto os enriqueça e os torne melhores.

Atualmente, os alunos que encontro parecem muito menos convictos do projeto de autoatualização do que eu e minhas colegas estávamos há vinte anos. Sentem que não há diretrizes éticas claras para moldar as ações. Mas, embora tenham perdido a esperança, fazem questão de que a educação seja libertadora. Querem e exigem mais dos professores do que a minha geração exigia. Às vezes entro numa sala abarrotada de alunos que se sentem terrivelmente feridos na psique (muitos fazem terapia), mas não penso que eles queiram que eu seja a sua terapeuta. Querem, isto sim, uma educação que cure seu espírito desinformado e ignorante. Querem um conhecimento significativo. Esperam, com toda razão, que eu e meus colegas não lhes ofereçamos informações sem tratar também da ligação entre o que eles estão aprendendo e sua experiência global de vida.

Essa exigência da parte dos alunos não significa que eles sempre vão aceitar nossa orientação. Essa é uma das alegrias da educação como prática da liberdade, pois permite que os alunos assumam a responsabilidade por suas escolhas. Escrevendo sobre nossa relação de professor/aluno num artigo para o *Village Voice*, "How to Run the Yard: Off--Line and into the Margins at Yale", um aluno meu, Gary Dauphin, partilha as alegrias de trabalhar comigo bem como as tensões que surgiram entre nós quando ele começou a dedicar mais tempo a tentar ser aceito numa confraria universitária que ao cultivo de sua redação:

> As pessoas acham que para acadêmicos como Gloria [o nome que meus pais me deram] o mais importante são as diferenças; mas com ela eu aprendi prin-

cipalmente sobre as semelhanças, sobre o que eu, como negro, tenho em comum com as pessoas de cor, com as mulheres, os *gays*, as lésbicas, os pobres e qualquer outro que queira entrar. Parte desse aprendizado eu adquiri pela leitura, mas a maior parte veio por eu estar presente na periferia da vida dela. Vivi assim por algum tempo, transitando entre pontos altos na sala de aula e pontos baixos lá fora. Gloria era um porto seguro ... Não há nada mais contrário às aulas dela do que o "noviciado" da confraria universitária, nada está mais longe da cozinha amarela onde ela costumava partilhar o almoço com alunos que precisavam de vários tipos de sustento.

Isso é o que Gary escreveu sobre a alegria. A tensão surgiu quando discutimos suas razões para querer entrar numa confraria e meu desprezo por essa decisão. Gary comenta: "As confrarias representavam uma visão da masculinidade negra que ela abominava, uma visão onde a violência e os maus-tratos eram os sinais principais da união e da identidade." Descrevendo sua afirmação de autonomia em relação à minha influência, ele escreve: "Mas ela também devia saber que até a influência dela sobre minha vida tinha limites, que os livros e professores tinham limites."

No fim, Gary concluiu que a decisão de entrar na confraria não era construtiva, que eu "havia lhe ensinado a abertura" enquanto a confraria estimulava a fidelidade unidimensional. Nossos intercâmbios durante essa experiência e depois dela foram exemplos de pedagogia engajada.

Por meio do pensamento crítico – processo que ele aprendeu lendo sobre teoria e analisando ativamente os textos –, Gary experimentou a educação como prática da liberdade. Seus comentários finais sobre mim: "Gloria só mencionou o episódio uma vez, depois que tudo acabou, e isso simplesmente para me dizer que existem muitos tipos de escolha, muitos tipos de lógica. Desde que fosse sincero, eu poderia fazer com que aqueles acontecimentos significassem qualquer coisa." Citei extensamente o que ele escreveu porque é um depoimento a favor da pedagogia engajada. Significa que minha voz não é o único relato do que acontece em sala de aula.

A pedagogia engajada necessariamente valoriza a expressão do aluno. No ensaio "Interrupting the Calls for Student Voice in Liberatory Education: A Feminist Poststructuralist Perspective", Mimi Orner emprega uma abordagem foucaultiana para afirmar que

> Os meios e usos reguladores e punitivos da confissão nos lembram de práticas curriculares e pedagógicas em que os alunos são chamados a revelar publicamente, e até a confessar, informações sobre sua vida e sua cultura na presença de figuras de autoridade, como os professores.

Quando a educação é a prática da liberdade, os alunos não são os únicos chamados a partilhar, a confessar. A pedagogia engajada não busca simplesmente fortalecer e capacitar os alunos. Toda sala de aula em que for aplicado um modelo holístico de aprendizado será também um local de crescimento para o professor, que será fortalecido e capacitado por esse processo. Esse fortalecimento não ocorrerá se nos recusarmos a nos abrir ao mesmo tempo em que encorajamos os alunos a correr riscos. Os professores que esperam que os alunos partilhem narrativas confessionais mas não estão eles mesmos dispostos a partilhar as suas exercem o poder de maneira potencialmente coercitiva. Nas minhas aulas, não quero que os alunos corram nenhum risco que eu mesma não vou correr, não quero que partilhem nada que eu mesma não partilharia. Quando os professores levam narrativas de sua própria experiência para a discussão em sala de aula, elimina-se a possibilidade de atuarem como inquisidores oniscientes e silenciosos. É produtivo, muitas vezes, que os professores sejam os primeiros a correr o risco, ligando as narrativas confessionais às discussões acadêmicas para mostrar de que modo a experiência pode iluminar e ampliar nossa compreensão do material acadêmico. Mas a maioria dos professores têm de treinar para estarem abertos em sala de aula, estarem totalmente presentes em mente, corpo e espírito.

Os professores progressistas que trabalham para transformar o currículo de tal modo que ele não reforce os sistemas de dominação nem reflita mais nenhuma parcialidade são, em geral, os indivíduos mais dispostos a correr os riscos acarretados pela pedagogia engajada e a fazer de sua prática de ensino um foco de resistência. No ensaio "On Race and Voice: Challenges for Liberation Education in the 1990s", Chandra Mohanty escreve que

> a resistência reside na interação consciente com os discursos e representações dominantes e normativos e na criação ativa de espaços de oposição analíticos e culturais. Evidentemente, uma resistência aleatória e isolada não é tão eficaz quanto aquela mobilizada por meio da prática politizada e sistêmica de ensinar e aprender. Descobrir conhecimentos subjugados e tomar posse deles é um dos meios pelos quais as histórias alternativas podem ser resgatadas. Mas, para transformar radicalmente as instituições educacionais, esses conhecimentos têm de

ser compreendidos e definidos pedagogicamente não só como questão acadêmica, mas como questão de estratégia e prática.

Os professores que abraçam o desafio da autoatualização serão mais capazes de criar práticas pedagógicas que envolvam os alunos, proporcionando-lhes maneiras de saber que aumentem sua capacidade de viver profunda e plenamente.

2

UMA REVOLUÇÃO DE VALORES

A PROMESSA DA MUDANÇA MULTICULTURAL

Há dois anos, no verão, fui à festa de vinte anos de formatura da minha turma do ensino médio. Foi uma decisão de última hora. Eu tinha acabado de terminar um livro. Toda vez que termino uma obra, me sinto atarantada, como se tivesse perdido uma âncora e já não encontrasse solo firme sob meus pés. No período entre o término de um projeto e o começo de outro, sempre enfrento uma crise de sentido. Começo a me questionar sobre o sentido da minha vida e sobre o que vim fazer aqui na Terra. É como se, mergulhada num projeto, eu perdesse a noção do eu. Quando o trabalho termina, tenho de redescobrir quem sou e para onde vou. Quando ouvi falar da festa de confraternização, ela me pareceu a experiência adequada para me devolver a mim mesma, para ajudar no processo de redescoberta. Como não havia ido a nenhuma das festas anteriores, não sabia o que esperar. Sabia, porém, que essa festa seria diferente. Pela primeira vez iríamos realizar uma confraternização em que as raças estariam integradas. Nas vezes anteriores, as festas tinham sido segregadas. Os brancos faziam uma confraternização no seu lado da cidade e os negros faziam outra.

Ninguém sabia como seria uma confraternização integrada. O período da dessegregação racial, na nossa adolescência, tinha sido repleto de hostilidade, raiva, conflito e perda. Nós, negros, estávamos com raiva por ter de sair da nossa querida escola Crispus Attucks, somente para negros, e ter de percorrer meia cidade de ônibus para ir à escola dos brancos. Nós é que tínhamos de viajar para fazer da dessegregação uma realidade. Tínhamos de renunciar ao que conhecíamos e entrar em um mundo que parecia frio e estranho. Não era nosso mundo, não era nossa escola. Não estávamos mais no centro, mas à margem, e isso doía. Foi uma época extremamente infeliz. Ainda me lembro da raiva que sentia por termos de acordar uma hora mais cedo para ir de ônibus à escola antes de os alunos brancos chegarem. Tínhamos de sentar no ginásio e esperar. Acreditava-se que essa prática impediria episódios de violência e hostilidade, pois eliminava a possibilidade de contato social antes de a aula começar. Mas o fardo dessa transição também fomos nós que tivemos de carregar. A escola dos brancos era dessegregada; mas, nas salas de aula, na cantina e na maioria dos espaços sociais, prevalecia o *apartheid*. Os alunos negros e brancos que se consideravam progressistas se rebelavam contra os tabus raciais tácitos que pretendiam sustentar a supremacia branca e o *apartheid* racial mesmo diante da dessegregação. Os brancos não pareciam entender que nossos pais, assim como os pais deles, não estavam nem um pouco ansiosos para que tivéssemos contato social inter-racial. Aqueles entre nós que queriam fazer da igualdade racial uma realidade em todos os aspectos de sua vida eram ameaças à ordem social. Tínhamos orgulho de nós mesmos, da nossa vontade de transgredir as regras. Tínhamos orgulho da nossa coragem.

Fazíamos parte de uma panelinha inter-racial de gente inteligente que se considerava "artista" e se acreditava destinada a criar uma cultura clandestina onde viveríamos para sempre como boêmios livres; tínhamos certeza da nossa radicalidade. Dias antes da confraternização, mergulhei em minhas lembranças e fiquei chocada ao descobrir que nossos gestos de desafio não eram nem de longe tão ousados quanto haviam parecido na época. Em sua maioria, eram atos de resistência que não chegavam a contestar de fato o *status quo*. Um dos meus melhores amigos na época era um menino branco. Ele tinha um velho Volvo cinza em que eu adorava andar. De vez em quando, se eu perdesse o ônibus, ele me dava uma carona até em casa – ato que enraivecia e perturbava a quem nos via. A amizade inter-racial era ruim o suficiente por si só, mas entre os dois sexos era inusitada e perigosa. (Descobrimos o quanto era perigosa no dia em que um bando de adultos brancos tentou jogar nosso carro para fora da estrada.) Os pais de Ken eram religiosos. A fé deles mandava-os pôr em prática a crença na justiça racial. Foram dos primeiros brancos da nossa comunidade a convidar negros para visitá-los em casa, para comer em sua mesa e para rezar junto com eles. Como eu era uma das melhores amigas de Ken, era bem-vinda na casa dele. Depois de horas de discussões e debates sobre os possíveis perigos, meus pais concordaram com que eu fosse almoçar com eles. Era a primeira vez em que eu comia junto com brancos. Eu tinha 16 anos. Senti na época que estávamos fazendo história, que estávamos vivendo o sonho da democracia, criando uma cultura onde a igualdade, o amor, a justiça e a paz pudessem moldar o destino dos Estados Unidos.

Perdi o contato com Ken depois da formatura, embora ele sempre tenha ocupado um lugar especial em minhas lembranças. Eu pensava nele toda vez que interagia com brancos que acreditavam que ter uma amiga negra era sinal de que não eram racistas, que acreditavam sinceramente estar nos fazendo um favor quando nos ofereciam um contato amistoso pelo qual se achavam no direito de ser recompensados. Pensei nele durante os anos em que vi os brancos brincar de desaprender o racismo mas se afastar sempre que encontravam obstáculos, rejeição, conflito e dor. Nossa amizade de colegial não se formara porque ele era branco e eu, negra, mas porque víamos a realidade do mesmo modo. A diferença racial nos obrigava a lutar para fazer valer a integridade daquele vínculo. Não tínhamos ilusões. Sabíamos que haveria obstáculos, conflito e dor. No patriarcado capitalista da supremacia branca – palavras que nunca usamos na época –, sabíamos que teríamos de pagar um preço por aquela amizade, que teríamos de ter coragem para defender nossa crença na democracia, na justiça racial, no poder transformador do amor. O valor que dávamos ao nosso vínculo era suficiente para encararmos esse desafio.

Dias antes da confraternização, lembrando a doçura daquela amizade, me senti muito humilde quando percebi a quantas coisas nós renunciamos na juventude acreditando que algum dia vamos encontrar algo tão bom quanto aquilo ou melhor, mas que acabamos não encontrando. Perguntei a mim mesma como era possível que Ken e eu tivéssemos perdido o contato um com o outro. Desde aquela época eu não havia conhecido nenhum branco que compreendesse a profundidade e a complexidade da injustiça racial e estivesse disposto a praticar a arte de viver sem racismo como as pessoas estavam naquela época. Na vida adulta, encontrei poucos brancos realmente dispostos a fazer o que é preciso para criar um mundo de igualdade racial – brancos dispostos a correr riscos, a ser corajosos, a nadar contra a corrente.

Fui à confraternização na esperança de ter a oportunidade de encontrar Ken pessoalmente, de lhe dizer o quanto eu tinha carinho por tudo o que havíamos partilhado, de lhe dizer – em palavras que eu nunca ousaria dizer a um branco naquela época – simplesmente que eu o amava.

Lembrando desse passado, o que mais me toca era nosso compromisso apaixonado com uma visão de transformação social baseada na crença fundamental numa ideia radicalmente democrática de liberdade e justiça para todos. Nossas noções de mudança social não eram sofisticadas. Não havia uma complexa teoria política pós-moderna moldando nossas ações. Simplesmente tentávamos mudar a vida cotidiana para que nossos valores e hábitos de ser refletissem nosso compromisso com a liberdade. Na época, nossa principal preocupação era acabar com o racismo. Hoje, assistindo à ascensão da supremacia branca e ao crescente *apartheid* social e econômico que separa brancos e negros, ricos e pobres, homens e mulheres, juntei à luta pelo fim do racismo um compromisso com o fim do sexismo e da opressão sexista e com a erradicação dos sistemas de exploração de classe. Ciente de que vivemos numa cultura da dominação, me pergunto agora, como me perguntava há mais de vinte anos, quais valores e hábitos de ser refletem meu/nosso compromisso com a liberdade.

Olhando para trás, vejo que nos últimos vinte anos conheci muita gente que se diz comprometida com a liberdade e a justiça para todos; mas seu modo de vida, os valores e os hábitos de ser que essa gente institucionaliza no dia a dia, em rituais públicos e privados, ajudam a manter a cultura da dominação, ajudam a criar um mundo sem liberdade. No livro *Where Do We Go From Here? Chaos or Community*, Martin Luther King, com intuição profética, disse aos cidadãos deste país que não conseguiríamos avançar se não sofrêssemos uma "verdadeira revolução dos valores". Garantiu-nos que

> a estabilidade do mundo, desta grande casa onde habitamos, terá de envolver uma revolução de valores que acompanhe as revoluções científicas e libertárias que engolem a Terra. Temos de deixar de ser uma sociedade orientada para as "coisas" e passar rapidamente a ser uma sociedade orientada para as "pessoas". Quando as máquinas e os computadores, a ambição de lucro e os direitos de propriedade são considerados mais importantes que as pessoas, torna-se impossível vencer os gigantes trigêmeos do racismo, do materialismo e do militarismo. É tão fácil a civilização naufragar diante da falência moral e espiritual quanto diante da falência financeira.

Hoje vivemos no meio desse naufrágio. Vivemos no caos, na incerteza de que será possível construir e manter uma comunidade. As figuras públicas que mais nos falam sobre a volta a valores antigos incorporam os males que King descreve. São as pessoas mais comprometidas com a manutenção de sistemas de dominação – o racismo, o sexismo, a exploração de classe e o imperialismo. Elas promovem uma visão perversa de liberdade que a equipara ao materialismo. Ensinam-nos a crer que a dominação é "natural", que os fortes e poderosos têm o direito de governar os fracos e impotentes. O que me espanta é que, embora tanta gente afirme rejeitar esses valores, nossa rejeição coletiva está longe de ser completa, visto que eles ainda prevalecem em nossa vida cotidiana.

Ultimamente, tenho sido levada a pensar em quais são as forças que nos impedem de avançar, de sofrer aquela revolução de valores que nos permitiria viver de modo diferente. King nos ensinou a compreender que, para "termos paz na Terra", "nossa fidelidade tem de transcender nossa raça, nossa tribo, nossa classe, nosso país". Muito antes de a palavra "multiculturalismo" entrar na moda, ele nos encorajava a "desenvolver uma perspectiva mundial". Mas o que testemunhamos hoje em dia na vida cotidiana não é uma avidez, por parte de pessoas próximas e distantes, de desenvolver uma perspectiva mundial, mas sim uma volta ao nacionalismo estreito, ao isolacionismo e à xenofobia. A Nova Direita e os neoconservadores costumam explicar essas mudanças como uma tentativa de impor ordem ao caos, de voltar a um passado (idealizado). Na noção de família citada nessas discussões, os papéis sexistas são proclamados como tradições estabilizadoras. Não surpreende que essa visão da vida familiar seja associada a uma noção de segurança que implica que estamos sempre mais seguros junto à gente do nosso próprio grupo, raça, classe, religião e assim por diante. Por mais que as estatísticas de violência doméstica, homicídio, estupro e maus-tratos a crianças indiquem que a família patriarcal idealizada está longe de ser um espaço "seguro", que as vítimas de violência têm maior probabilidade de ser atacadas por pessoas semelhantes a elas que por estranhos misteriosos e diferentes, esses mitos conservadores se perpetuam. Está claro que uma das principais razões por que não sofremos uma revolução de valores é que a cultura de dominação necessariamente promove os vícios da mentira e da negação.

    Essa mentira assume uma forma aparentemente inocente: muitos brancos (e até alguns negros) afirmam que o racismo não existe mais e que as sólidas oportunidades de igualdade social atualmente existentes habilitam qualquer negro trabalhador a alcançar a autossuficiência econômica.

Vamos esquecer que o capitalismo implica a existência de uma massa de mão de obra excedente subprivilegiada. Essa mentira toma a forma da criação, pelos meios de comunicação de massa, do mito de que o movimento feminista transformou completamente a sociedade, a tal ponto que a política do poder patriarcal se inverteu e os homens – especialmente os brancos, mas também os negros castrados – se tornaram vítimas de mulheres dominadoras. Por isso, dizem, todos os homens (especialmente os negros) têm de se unir (como nas audiências para a confirmação de Clarence Thomas) para apoiar e reafirmar a dominação patriarcal. Quando se acrescentam a isso as onipresentes suposições de que os negros, as mulheres brancas e outras minorias estão tirando os empregos dos homens brancos, e de que as pessoas são pobres e desempregadas porque querem, fica mais do que evidente que a crise contemporânea é criada em parte por uma falta de acesso significativo à verdade. Ou seja: não somente se apresentam inverdades às pessoas como também essas inverdades são apresentadas de uma forma que as habilita a ser comunicadas do modo mais eficaz. Quando o consumo cultural coletivo da desinformação e o apego à desinformação se aliam às camadas e mais camadas de mentiras que as pessoas contam em sua vida cotidiana, nossa capacidade de enfrentar a realidade diminui severamente, assim como nossa vontade de intervir e mudar as circunstâncias de injustiça.

Se examinarmos criticamente o papel tradicional da universidade na busca da verdade e na partilha de conhecimento e informação, ficará claro, infelizmente, que as parcialidades que sustentam e mantêm a supremacia branca, o imperialismo, o sexismo e o racismo distorceram a educação a tal ponto que ela deixou de ser uma prática da liberdade. O clamor pelo reconhecimento da diversidade cultural, por repensar os modos de conhecimento e pela desconstrução das antigas epistemologias, bem como a exigência concomitante de uma transformação das salas de aula, de como ensinamos e do que ensinamos, foram revoluções necessárias – que buscam devolver a vida a uma academia moribunda e corrupta.

Quando todos começaram a falar sobre a diversidade cultural, isso nos entusiasmou. Para nós que estávamos à margem (pessoas de cor, gente da classe trabalhadora, *gays*, lésbicas e por aí afora) e sempre tivéramos sentimentos ambivalentes sobre nossa presença numa instituição onde o conhecimento era partilhado de modo a reforçar o colonialismo e a dominação, era emocionante pensar que a visão de justiça e democracia que estava no próprio âmago do movimento pelos direitos civis iria se realizar na academia. Até que enfim havia a possibilidade de uma comunidade de aprendizado, um lugar onde as diferenças fossem reconhecidas, onde todos finalmente compreenderiam, aceitariam e afirmariam que nossas maneiras de conhecer são forjadas pela história e pelas relações de poder. Por fim iríamos nos livrar da negação coletiva da academia e reconhecer que a educação que quase todos nós havíamos recebido e estávamos transmitindo não era e nunca é politicamente neutra. Estava na cara que a mudança não seria imediata, mas havia uma tremenda esperança de que o processo que havíamos desencadeado levasse à realização do sonho da educação como prática da liberdade.

De início, muitos colegas participaram com relutância dessa mudança. Muitos constataram que, na tentativa de respeitar a "diversidade cultural", tinham de confrontar não só as limitações de seu conhecimento e formação como também uma possível perda de "autoridade". Com efeito, o desmascaramento de certas verdades e preconceitos na sala de aula muitas vezes criava caos e confusão. A ideia de que a sala de aula deve ser sempre um local "seguro" e harmônico foi posta em questão. Os indivíduos tinham dificuldade para captar plenamente a noção de que o reconhecimento da diferença poderia também exigir de nós a disposição de ver a sala de aula mudar de figura, de permitir mudanças nas relações entre os alunos. Muita gente entrou em pânico. O que viam à sua frente não era a reconfortante ideia de um "caldeirão" de diversidade cultural, de um arco-íris coletivo onde todos estaríamos unidos em nossas diferenças, mas sim todos sorrindo amarelo uns para os outros. Era a essência da fantasia colonizadora, uma perversão da visão progressista de diversidade cultural. Criticando esse desejo numa entrevista recente, "Critical Multiculturalism and Democratic Schooling" (no *International Journal of Educational Reform*), Peter McLaren disse:

> A diversidade que se constitui de algum modo como uma harmônica colagem de esferas culturais benignas é uma modalidade conservadora e liberal de multiculturalismo que, a meu ver, merece ser jogada fora. Quando tentamos transformar a cultura num espaço imperturbado de harmonia e concordância, onde as relações sociais existem dentro da forma cultural de um acordo ininterrupto, endossamos um tipo de amnésia social onde esquecemos que todo conhecimento é forjado em histórias que se desenrolam no campo dos antagonismos sociais.

Muitos professores não tinham estratégias para lidar com os antagonismos na sala de aula. Quando esse medo se juntou à recusa à mudança que caracterizava a atitude da velha guarda (composta predominantemente de homens brancos), ele abriu espaço para um recuo coletivo, motivado pela impotência.

De repente, professores que haviam levado a sério a questão do multiculturalismo e da diversidade cultural estavam voltando atrás, expressando dúvidas, votando para restaurar as tradições tendenciosas e proibindo mudanças no corpo docente e no currículo que fomentassem a presença e a perspectiva da diversidade. Juntando forças com a velha guarda, professores antes abertos compactuaram com as táticas (ostracismo, desprezo e assim por diante) usadas pelos colegas mais graduados para dissuadir os membros mais jovens do professorado de introduzir novos paradigmas capazes de produzir a mudança. Num dos meus seminários sobre Toni Morrison, à medida que as pessoas sentadas em círculo expunham reflexões críticas sobre a linguagem dessa escritora, uma menina classicamente branca, loira, tipo colegial, contou que um de seus outros professores de Língua Inglesa, um branco mais velho (cujo nome ninguém quis saber), confessou que estava contente por encontrar uma aluna ainda interessada em ler literatura – palavras – a linguagem dos textos e "não aquela papagaiada sobre raça e gênero". Achando engraçada a suposição que ele tinha feito a respeito dela, ela se perturbou com sua convicção de que os modos convencionais de abordagem crítica do romance não pudessem coexistir com aulas que também oferecessem novas perspectivas.

Então partilhei com a classe algo que me aconteceu numa festa de Halloween. Um novo colega, um branco, com quem eu conversava pela primeira vez, fez uma invectiva ao simplesmente ouvir falar do meu seminário sobre Toni Morrison. Destacou que *Cantares de Salomão* era uma versão piorada de *Por quem os sinos dobram*, de Hemingway. Apaixonadamente hostil a Morrison e estudioso de Hemingway, ele parecia estar manifestando a preocupação, tantas vezes repetida, de que as escritoras e pensadoras negras são imitações baratas de "grandes" homens brancos. Como não queria, naquele momento, entrar nos assuntos Desaprender o Colonialismo, Despojar-se do Racismo e Primeira Aula sobre Sexismo, optei pela estratégia que havia aprendido num livro de autoajuda que nega a existência do patriarcado institucionalizado, *Mulheres que amam demais*: simplesmente disse "Ah!". Mais tarde, lhe garanti que leria *Por quem os sinos dobram* de novo para ver se fazia a mesma relação. Ambos os incidentes, aparentemente banais, revelam como é profundo o medo de que qualquer descentralização das civilizações ocidentais, do cânone do homem branco, seja na realidade um ato de genocídio cultural.

Certas pessoas acham que todos os que apoiam a diversidade cultural querem substituir uma ditadura do conhecimento por outra, trocar um bloco de pensamento por outro. Talvez seja essa a percepção mais errônea da diversidade cultural. Embora haja entre nós um pessoal excessivamente zeloso que pretende substituir um conjunto de absolutos por outro, mudando simplesmente o conteúdo, essa perspectiva não representa com precisão as visões progressistas de como o compromisso com a diversidade cultural pode transformar construtivamente a academia. Em todas as revoluções culturais há períodos de caos e confusão, épocas em que graves enganos são cometidos. Se tivermos medo de nos enganar, de errar, se estivermos a nos avaliar constantemente, nunca transformaremos a academia num lugar culturalmente diverso, onde tanto os acadêmicos quanto aquilo que eles estudam abarquem todas as dimensões dessa diferença.

Com a intensificação do recuo, o corte de orçamentos, a escassez cada vez maior de empregos, várias das poucas intervenções progressistas feitas para mudar a academia, para criar uma atmosfera favorável à mudança cultural correm o risco de ser solapadas ou eliminadas. Essas ameaças não devem ser ignoradas. Tampouco o nosso compromisso com a diversidade cultural deve mudar porque ainda não criamos e implementamos estratégias perfeitas. Para criar uma academia culturalmente diversa, temos de nos comprometer inteiramente. Aprendendo com outros movimentos de mudança social, com os esforços pelos direitos civis e pela liberação feminina, temos de aceitar que nossa luta será longa e estar dispostos a permanecer pacientes e vigilantes. Para nos comprometer com a tarefa de transformar a academia num lugar onde a diversidade cultural informe cada aspecto do nosso conhecimento, temos de abraçar a luta e o sacrifício. Não podemos nos desencorajar facilmente. Não podemos nos desesperar diante dos conflitos. Temos de afirmar nossa solidariedade por meio da crença num espírito de abertura intelectual que celebre a diversidade, acolha a divergência e se regozije com a dedicação coletiva à verdade.

Buscando forças na vida e na obra de Martin Luther King, sempre me lembro do profundo conflito interior que ele sofreu quando sentiu que suas crenças religiosas o obrigavam a se opor à Guerra do Vietnã. Com medo de perder o apoio dos burgueses conservadores e de afastar-se das Igrejas dos negros, King meditou numa passagem da Epístola aos Romanos, capítulo 12, versículo 2, que o lembrou da necessidade da dissensão, do desafio e da mudança: "Não vos conformeis com este mundo, mas transformai-vos pela renovação da vossa mente." Todos nós, na academia e na cultura como um todo, somos chamados a renovar nossa mente para transformar as instituições educacionais – e a sociedade – de tal modo que nossa maneira de viver, ensinar e trabalhar possa refletir nossa alegria diante da diversidade cultural, nossa paixão pela justiça e nosso amor pela liberdade.

3

ABRAÇAR A MUDANÇA

O ENSINO NUM MUNDO MULTICULTURAL

Apesar de o multiculturalismo estar atualmente em foco em nossa sociedade, especialmente na educação, não há, nem de longe, discussões práticas suficientes acerca de como o contexto da sala de aula pode ser transformado de modo a fazer do aprendizado uma experiência de inclusão. Para que o esforço de respeitar e honrar a realidade social e a experiência de grupos não brancos possa se refletir num processo pedagógico, nós, como professores – em todos os níveis, do ensino fundamental à universidade –, temos de reconhecer que nosso estilo de ensino tem de mudar. Vamos encarar a realidade: a maioria de nós frequentamos escolas onde o estilo de ensino refletia a noção de uma única norma de pensamento e experiência, a qual éramos encorajados a crer que fosse universal. Isso vale tanto para os professores não brancos quanto para os brancos. A maioria de nós aprendemos a ensinar imitando esse modelo. Como consequência, muitos professores se perturbam com as implicações políticas de uma educação multicultural, pois têm medo de perder o controle da turma caso não haja um modo único de abordar um tema, mas sim modos múltiplos e referências múltiplas.

Os educadores têm de reconhecer que qualquer esforço para transformar as instituições de maneira a refletir um ponto de vista multicultural deve levar em consideração o medo dos professores quando se lhes pede que mudem de paradigma. É preciso instituir locais de formação onde os professores tenham a oportunidade de expressar seus temores e ao mesmo tempo aprender a criar estratégias para abordar a sala de aula e o currículo multiculturais. Quando entrei no Oberlin College, fiquei transtornada pelo que me parecia uma falta de compreensão de muitos professores sobre como poderia ser a sala de aula multicultural. Chandra Mohanty, minha colega de Estudos da Mulher, tinha a mesma preocupação. Embora nem eu nem ela fôssemos professoras titulares, nossa forte crença de que o *campus* de Oberlin não estava encarando de frente a questão de mudar o currículo e as práticas de ensino de um jeito progressista que promovesse a inclusão nos levou a pensar em como intervir nesse processo. Partimos do princípio de que a imensa maioria dos professores de Oberlin, quase todos brancos, eram essencialmente bem-intencionados e se preocupavam com a qualidade da educação que os alunos recebiam no *campus*. Portanto, tenderiam a apoiar qualquer esforço no sentido da educação para a consciência crítica. Juntas, decidimos realizar uma série de seminários com foco na pedagogia transformadora e abertos a todos os professores. De início também acolhíamos alunos, mas percebemos que a presença deles tolhia a discussão sincera. Na primeira noite, por exemplo, vários professores brancos fizeram comentários que poderiam ser interpretados como terrivelmente racistas, e os alunos saíram da sala e espalharam por toda a faculdade o que tinha sido dito. Visto que nossa intenção era educar para a consciência crítica, não queríamos que ninguém se sentisse atacado ou tivesse sua reputação de professor manchada no espaço do seminário. Queríamos, porém, que este fosse um espaço de confrontação construtiva e questionamento crítico. Para garantir que isso acontecesse, tivemos de excluir os alunos.

No primeiro encontro, Chandra (pedagoga por formação) e eu falamos sobre os fatores que haviam influenciado nossas práticas pedagógicas. Sublinhei o impacto da obra de Freire sobre o meu pensamento. Uma vez que minha formação básica tinha se realizado em escolas segregadas por raça, falei sobre a experiência de aprender quando as nossas próprias experiências são consideradas centrais e significativas, e sobre como isso mudou com a dessegregação, quando as crianças negras foram obrigadas a frequentar escolas onde eram vistas como objetos e não sujeitos. Muitos professores presentes no primeiro encontro se sentiram perturbados pelo fato de discutirmos temas políticos abertamente. Tivemos de lembrar a todos, várias vezes, que nenhuma educação é politicamente neutra. Mostrando que o professor branco do departamento de literatura inglesa que só fala das obras escritas por "grandes homens brancos" está tomando uma decisão política, tivemos de enfrentar e vencer a vontade avassaladora de muitos presentes de negar a política do racismo, do sexismo, do heterossexismo etc. que determina o que ensinamos e como ensinamos. Constatamos várias vezes que quase todos, especialmente a velha guarda, se perturbavam mais com o reconhecimento franco de o quanto nossas preferências políticas moldam nossa pedagogia do que com sua aceitação passiva de modos de ensinar e aprender que refletem parcialidades, particularmente o ponto de vista da supremacia branca.

Para partilhar nosso esforço de intervenção, convidamos professores universitários de todo o país a vir dar palestras

– formais e informais – sobre o trabalho que desenvolviam no sentido de transformar o ensino e o aprendizado para possibilitar uma educação multicultural. Convidamos Cornel West, então professor de religião e filosofia em Princeton, para dar uma palestra sobre "descentralizar a civilização ocidental". Esperávamos que sua formação muito convencional e sua prática progressista como pesquisador dessem a todos uma sensação de otimismo quanto à nossa capacidade de mudar. Na sessão informal, alguns professores brancos, homens, tiveram a coragem de dizer claramente que aceitavam a necessidade de mudar, mas não tinham certeza de quais seriam as consequências da mudança. Isso nos lembrou que as pessoas têm dificuldade de mudar de paradigma e precisam de um contexto onde deem voz a seus medos, onde falem sobre o que estão fazendo, como estão fazendo e por quê. Uma das reuniões mais úteis foi aquela em que pedimos a professores de várias disciplinas (inclusive de matemática e ciências) que falassem informalmente sobre como seu ensino havia sido modificado pelo desejo de promover a inclusão. A abordagem de ouvir as pessoas descrevendo estratégias concretas ajudava a dissipar o medo. Era crucial que os professores mais tradicionais ou conservadores que tinham tido a disposição de fazer mudanças falassem sobre motivações e estratégias.

Quando as reuniões acabaram, Chandra e eu sentimos, de início, uma tremenda decepção. Não havíamos percebido o quanto o corpo docente precisava desaprender o racismo para aprender sobre a colonização e a descolonização e compreender plenamente a necessidade de criar uma experiência democrática de aprendizado das artes liberais.

Com demasiada frequência, à vontade de incluir os considerados "marginais" não correspondia a disposição de atribuir a seus trabalhos o mesmo respeito e consideração dados aos trabalhos de outras pessoas. Nos Estudos da Mulher, por exemplo, as professoras tratam das mulheres de cor somente no finalzinho do semestre ou juntam numa única parte do curso tudo o que se refere à raça e às diferenças. Essa modificação pró-forma do currículo não é uma transformação multicultural, mas sabemos que é a mudança que os professores mais tendem a fazer. Vou dar outro exemplo. Quando uma professora de inglês, branca, inclui uma obra de Toni Morrison no roteiro do curso, mas fala sobre ela sem fazer nenhuma referência à raça ou à etnia, o que isso significa? Já ouvi várias mulheres brancas "se gabarem" de ter mostrado aos alunos que os escritores e escritoras negros são tão "bons" quanto os do cânone dos homens brancos, mas elas não chamam a atenção para a questão da raça. É claro que essa pedagogia não questiona as parcialidades estabelecidas pelos cânones convencionais (ou, quem sabe, por todos os cânones). É, ao contrário, mais um tipo de modificação pró-forma.

A falta de disposição de abordar o ensino a partir de um ponto de vista que inclua uma consciência da raça, do sexo e da classe social tem suas raízes, muitas vezes, no medo de que a sala de aula se torne incontrolável, que as emoções e paixões não sejam mais represadas. Em certa medida, todos nós sabemos que, quando tratamos em sala de aula de temas acerca dos quais os alunos têm sentimentos apaixonados, sempre existe a possibilidade de confrontação, expressão vigorosa das ideias e até de conflito. Em boa parte dos meus escritos sobre pedagogia, sobretudo em salas de aula de grande diversidade, falei sobre a necessidade de examinar criticamente o modo como nós, professores, conceituamos como deve ser o espaço de aprendizado. Muitos professores universitários me confessaram seu sentimento de que a sala de aula deve ser um lugar "seguro"; traduzindo, isso em geral significa que o professor dá aula a um grupo de estudantes silenciosos que só respondem quando são estimulados. A experiência dos professores universitários que educam para a consciência crítica indica que muitos alunos, especialmente os de cor, não se sentem "seguros" de modo algum nesse ambiente aparentemente neutro. É a ausência do sentimento de segurança que, muitas vezes, promove o silêncio prolongado ou a falta de envolvimento dos alunos.

Fazer da sala de aula um contexto democrático onde todos sintam a responsabilidade de contribuir é um objetivo central da pedagogia transformadora. Em toda a minha carreira de professora, muitos professores universitários brancos me falaram de sua preocupação com os alunos não brancos que não falam. À medida que a sala de aula se torna mais diversa, os professores têm de enfrentar o modo como a política da dominação se reproduz no contexto educacional. Os alunos brancos e homens, por exemplo, continuam sendo os que mais falam em nossas aulas. Os alunos de cor e algumas mulheres brancas dizem ter medo de que os colegas os julguem intelectualmente inferiores. Já dei aula a brilhantes alunos de cor, alguns de idade avançada, que conseguiram, com muita habilidade, nunca abrir a boca em sala de aula. Alguns expressam o sentimento de que, se simplesmente não afirmarem sua subjetividade, terão menos probabilidade de ser agredidos. Disseram que muitos professores universitários jamais manifestaram o menor interesse por ouvir a voz deles. A aceitação da descentralização global do Ocidente, a adoção do multiculturalismo obrigam os educadores a centrar sua atenção na questão da voz. Quem fala? Quem ouve? E por quê? Cuidar para que todos os alunos cumpram sua responsabilidade de contribuir para o aprendizado na sala de aula não é uma abordagem comum no sistema que Freire chamou de "educação bancária", onde os alunos são encarados como meros consumidores passivos. Uma vez que tantos professores ensinam a partir desse ponto de vista, é difícil criar uma comunidade de aprendizado que abrace plenamente o multiculturalismo. Os alunos estão muito mais dispostos que os professores a abrir mão de sua dependência em relação à educação bancária. Também estão muito mais dispostos a enfrentar o desafio do multiculturalismo.

Foi como professora no contexto da sala de aula que testemunhei o poder de uma pedagogia transformadora fundada no respeito pelo multiculturalismo. Trabalhando com uma pedagogia crítica baseada em minha compreensão dos ensinamentos de Freire, entro na sala partindo do princípio de que temos de construir uma "comunidade" para criar um clima de abertura e rigor intelectual. Em vez de enfocar a questão da segurança, penso que o sentimento de comunidade cria a sensação de um compromisso partilhado e de um bem comum que nos une. Idealmente, o que todos nós partilhamos é o desejo de aprender – de receber ativamente um conhecimento que intensifique nosso desenvolvimento intelectual e nossa capacidade de viver mais plenamente no mundo. Segundo minha experiência, um dos jeitos de construir a comunidade na sala de aula é reconhecer o valor de cada voz individual. Cada aluno das minhas turmas tem um diário. Muitas vezes, eles escrevem parágrafos durante a aula e os leem uns aos outros. Isso acontece pelo menos uma vez, qualquer que seja o tamanho da turma. E a maioria das minhas turmas não é pequena. Têm de trinta a sessenta alunos, e houve circunstâncias em que dei aula a mais de cem. Ouvir um ao outro (o som de vozes diferentes), escutar um ao outro, é um exercício de reconhecimento. Também garante que nenhum aluno permaneça invisível na sala. Alguns deles se ressentem de ter de dar uma contribuição verbal; por isso, tenho de deixar claro desde o princípio que isso é um requisito nas minhas aulas. Mesmo que a voz de um dos alunos não possa ser ouvida por meio da fala, ele faz sentir sua presença por meio de "sinalização" (mesmo que ninguém consiga ler os sinais).

Quando entrei pela primeira vez na sala de aula multicultural e multiétnica, eu estava despreparada. Não sabia como lidar eficazmente com tanta "diferença". Apesar da política progressista e do meu envolvimento profundo com o movimento feminista, eu nunca havia sido obrigada a trabalhar num contexto verdadeiramente diverso e não tinha as habilidades necessárias. É o caso da maioria dos educadores. Muitos educadores nos Estados Unidos têm dificuldade para imaginar como ficará a sala de aula quando se confrontarem com os dados demográficos que indicam que o "ser branco" pode deixar de ser a etnia normal em todos os níveis educacionais. Logo, os educadores estão mal preparados quando confrontam concretamente a diversidade. É por isso que tantos se aferram obstinadamente aos velhos padrões. Trabalhando para criar estratégias de ensino que abrissem espaço para o aprendizado multicultural, constatei a necessidade de reconhecer aquilo que em outros textos de pedagogia chamei de diferentes "códigos culturais". Para ensinar eficazmente um corpo discente diverso, tenho de aprender esses códigos. E os alunos também têm. Esse ato por si só transforma a sala de aula. A partilha de ideias e informações nem sempre progride tão rápido quanto poderia progredir num contexto mais homogêneo. Muitas vezes, os professores e os alunos no contexto multicultural têm de aprender a aceitar diferentes maneiras de conhecer, novas epistemologias.

Assim como é difícil para os professores mudar de paradigma, também pode ser difícil para os alunos. Sempre acreditei que os alunos têm de gostar de aprender. Mas constatei que existe muito mais tensão no contexto da sala de aula diversa, onde a filosofia de ensino é baseada na pedagogia crítica e (no meu caso) na pedagogia crítica feminista. A presença da tensão – e às vezes até de conflito – fez com que frequentemente os alunos não gostassem nem das minhas aulas nem de mim, sua professora, como eu secretamente queria que gostassem. Ensinando uma disciplina tradicional do ponto de vista da pedagogia crítica, muitas vezes encontro alunos que fazem a seguinte queixa: "Achei que este curso era de inglês. Por que estamos falando tanto de feminismo?" (Às vezes acrescentam: de raça, de classe social.) Na sala de aula transformada, é muito mais necessário explicar a filosofia, a estratégia e a intenção do curso que no contexto "normal". No decorrer dos anos, constatei que muitos alunos que se queixam sem parar durante meus cursos entram em contato comigo num momento posterior para dizer o quanto aquela experiência foi significativa para eles, o quanto aprenderam. No papel de professora, tive de abrir mão da minha necessidade de afirmação imediata do sucesso no ensino (embora parte da recompensa seja imediata) e admitir que os alunos podem não compreender de cara o valor de um certo ponto de vista ou de um processo. O aspecto empolgante de criar na sala de aula uma comunidade onde haja respeito pelas vozes individuais é que o retorno é bem maior, pois os alunos se sentem, de fato, livres para falar – e responder. E é verdade: muitas vezes, esse retorno assume a forma de crítica. Deixar de lado a necessidade de afirmação imediata foi crucial para meu crescimento como professora. Aprendi a respeitar o fato de que mudar de paradigma ou partilhar o conhecimento de maneira nova são desafios; leva tempo para que os alunos sintam esses desafios como positivos.

Os alunos também me ensinaram que é preciso praticar a compaixão nesses novos contextos de aprendizado. Não me esqueço do dia em que um aluno entrou na aula e me disse: "Nós fazemos seu curso. Aprendemos a olhar o mundo de um ponto de vista crítico, que leva em conta a raça, o sexo e a classe social. E não conseguimos mais curtir a vida." Olhando para o resto da turma, vi alunos de todas as raças, etnias e preferências sexuais balançando a cabeça em sinal de assentimento. E vi pela primeira vez que pode haver, e geralmente há, uma certa dor envolvida no abandono das velhas formas de pensar e saber e no aprendizado de outras formas. Respeito essa dor. E agora, quando ensino, trato de reconhecê-la, ou seja, ensino a mudança de paradigmas e falo sobre o desconforto que ela pode causar. Os alunos brancos que aprendem a pensar de maneira mais crítica sobre questões de raça e racismo vão para casa nas férias e, de repente, veem seus pais sob outra luz. Podem reconhecer neles um pensamento retrógrado, racista e assim por diante, e podem se magoar pelo fato de a nova maneira de conhecer ter criado um distanciamento onde antes não havia nenhum. Muitas vezes, quando os alunos voltam de férias ou feriados, peço que nos contem como as ideias aprendidas ou trabalhadas na sala de aula impactaram sua experiência lá fora. Isso lhes dá tanto a oportunidade de saber que as experiências difíceis acontecem com todo o mundo quanto a prática de integrar teoria e práxis: modos de conhecer e hábitos de ser. Praticamos não só o questionamento das ideias como também o dos hábitos de ser. Por meio desse processo, construímos uma comunidade.

Apesar do foco na diversidade, do nosso desejo de inclusão, muitos professores ainda ensinam em salas de aula onde a maioria dos alunos é de brancos. O espírito da inclusão pró-forma muitas vezes prevalece nesse contexto. É por isso que é tão importante que o "ser branco" seja estudado, compreendido, discutido – para todos aprenderem que a afirmação do multiculturalismo e uma perspectiva imparcial e inclusiva podem e devem estar presentes mesmo na ausência de pessoas de cor. A transformação desse tipo de sala de aula é um desafio tão grande quanto o de ensinar bem num contexto de diversidade. Muitas vezes, se há somente uma pessoa de cor na sala de aula, ela é objetificada pelos outros e obrigada a assumir o papel de "informante nativo". Estamos lendo, por exemplo, um romance de uma autora americana de origem coreana. Os alunos brancos se voltam para a única aluna de origem coreana e pedem que ela explique o que eles não entendem. Isso deposita uma responsabilidade injusta sobre os ombros dessa aluna. Os professores podem intervir nesse processo, deixando claro desde o início que a experiência não faz o especialista e talvez até explicando o que significa colocar outra pessoa no papel de "informante nativo". Devo dizer que o professor não deve intervir se também tende a ver os alunos como "informantes nativos". Muitos alunos já vieram ao meu escritório se queixar da falta de inclusão na aula de algum outro professor. Um curso sobre o pensamento social e político nos Estados Unidos, por exemplo, não inclui nenhuma obra escrita por uma mulher. Quando os alunos reclamam com o professor sobre essa falta de inclusão, pede-se que eles deem sugestões de obras a serem abordadas. Muitas vezes, isso deposita um fardo injusto sobre os ombros do aluno. Também faz parecer que as parcialidades só precisam ser resolvidas quando alguém reclama. Os alunos reclamam cada vez mais porque querem uma educação em artes liberais democrática e imparcial.

O multiculturalismo obriga os educadores a reconhecer as estreitas fronteiras que moldaram o modo como o conhecimento é partilhado na sala de aula. Obriga todos nós a reconhecer nossa cumplicidade na aceitação e perpetuação de todos os tipos de parcialidade e preconceito. Os alunos estão ansiosos para derrubar os obstáculos ao saber. Estão dispostos a se render ao maravilhamento de aprender e reaprender novas maneiras de conhecer que vão contra a corrente. Quando nós, como educadores, deixamos que nossa pedagogia seja radicalmente transformada pelo reconhecimento da multiculturalidade do mundo, podemos dar aos alunos a educação que eles desejam e merecem. Podemos ensinar de um jeito que transforma a consciência, criando um clima de livre expressão que é a essência de uma educação em artes liberais verdadeiramente libertadora.

ч

PAULO FREIRE

Este é um diálogo lúdico em que eu, Gloria Watkins, converso com bell hooks, minha voz de escritora. Quis falar sobre Paulo e sua obra deste jeito porque ele me proporciona uma intimidade – uma familiaridade – que não me parece possível alcançar na forma de ensaio. E aqui encontrei um modo de partilhar a doçura, a solidariedade sobre a qual falo.

Watkins: Lendo seus livros *Ain't I a Woman: Black Women and Feminism, Feminist Theory: From Margin to Center* e *Talking Back,* fica claro que seu desenvolvimento como pensadora crítica foi imensamente influenciado pela obra de Paulo Freire. Você pode falar de por que a obra dele tocou tão profundamente a sua vida?

hooks: Anos antes de conhecer Paulo Freire, eu já tinha aprendido muito com o trabalho dele, aprendido maneiras novas e libertadoras de pensar sobre a realidade social. Muitas vezes, quando os estudantes e professores universitários leem Freire, eles abordam a sua obra a partir de um ponto de vista voyeurístico. Quando leem, veem duas posições na obra: a posição subjetiva do educador Freire (em quem, muitas vezes, estão mais interessados do que nas ideias e temas de que ele fala) e a posição dos grupos oprimidos/marginalizados de que ele fala. Em relação a essas duas posições, eles próprios se posicionam como observadores, como quem está de fora. Quando encontrei a obra de Freire, bem num momento da minha vida em que estava começando a questionar profundamente a política da dominação, o impacto do racismo, do sexismo, da exploração de classe e da colonização que ocorre dentro dos próprios Estados Unidos, me senti fortemente identificada com os camponeses marginalizados de que ele fala e com meus irmãos e irmãs negros, meus camaradas da Guiné-Bissau. Veja você, eu chegava à universidade com a experiência de uma negra da zona rural do Sul dos Estados Unidos. Tinha vivido a luta pela dessegregação racial e estava na resistência sem ter uma linguagem política para formular esse processo. Paulo foi um dos pensadores cuja obra me deu uma linguagem. Ele me fez pensar profundamente sobre a construção de uma identidade na resistência. Uma frase isolada de Freire se tornou um mantra revolucionário para mim: "Não podemos entrar na luta como objetos para nos tornarmos sujeitos mais tarde." Realmente é difícil encontrar palavras adequadas para explicar como essa afirmação era uma porta fechada – e lutei comigo mesma para encontrar a chave – e essa luta me engajou num processo transformador de pensamento crítico. Essa experiência posicionou Freire, na minha mente e no meu coração, como um professor desafiador cuja obra alimentou minha própria luta contra o processo de colonização – a mentalidade colonizadora.

GW: Na sua obra, você evidencia uma preocupação permanente com o processo de descolonização, particularmente na medida em que afeta os afro-americanos que vivem dentro da cultura da supremacia branca nos Estados Unidos. Você enxerga um elo entre o processo de descolonização e a insistência de Freire na "conscientização"?

bh: Sem dúvida. Pelo fato de as forças colonizadoras serem tão poderosas neste patriarcado capitalista de supremacia branca, parece que os negros sempre têm de renovar um compromisso com um processo político descolonizador que deve ser fundamental para a nossa vida, mas não é. E assim a obra de Freire, em seu entendimento global das lutas de libertação, sempre enfatiza que este é o importante estágio inicial da transformação – aquele momento histórico em que começamos a pensar criticamente sobre nós mesmas e nossa identidade diante das nossas circunstâncias políticas. Mais uma vez, esse é um dos conceitos da obra de Freire – e da minha – que frequentemente é mal compreendido pelos leitores nos Estados Unidos. Muita gente me diz que pareço estar afirmando que é suficiente que os indivíduos mudem sua maneira de pensar. E, veja, até o uso da palavra *suficiente* me diz algo acerca da atitude com que eles encaram essa questão. Ela tem uma sonoridade paternalista que não transmite um entendimento profundo de o quanto uma mudança de atitude (e não somente o término de qualquer processo transformador) pode ser significativa para um povo colonizado/oprimido.

Repetidamente, Freire tem de lembrar os leitores de que ele nunca falou da conscientização como um fim em si, mas sempre na medida em que se soma a uma práxis significativa. Gosto quando ele fala da necessidade de tornar real na prática o que já sabemos na consciência:

> Isto significa, enfatizemos, que os seres humanos não sobrepassam a situação concreta, a condição na qual estão, por meio de sua consciência apenas ou de suas intenções, por boas que sejam. A possibilidade que tive de transcender os estreitos limites de uma cela de 1,70 m de comprimento por 60 centímetros de largura, na qual me achava após o golpe militar brasileiro de 1º. de abril de 1964, não era suficiente, contudo, para mudar minha condição de encarcerado. Continuava dentro da cela, sem liberdade, apesar de poder imaginar o mundo lá fora. Mas, por outro lado, a práxis não é a ação cega, desprovida de intenção ou de finalidade. É ação e reflexão. Mulheres e homens são seres humanos porque se fizeram historicamente seres da práxis e, assim, se tornaram capazes de, transformando o mundo, dar significado a ele.

Creio que tantos movimentos políticos progressistas não conseguem ter impacto duradouro nos Estados Unidos exatamente por não terem uma compreensão suficiente da "práxis". É isso que me toca quando, em *Por uma pedagogia da pergunta*, Antonio Faundez afirma que

> uma das coisas que aprendemos no Chile, nessa pré-reflexão sobre a cotidianeidade, era que as afir-

mações abstratas políticas, religiosas ou morais, que eram excelentes, não se transformavam, não se concretizavam nas ações individuais. Éramos revolucionários em abstrato, não na vida cotidiana. Creio que a revolução começa justamente na revolução da vida cotidiana.

Sempre me espanto quando as pessoas progressistas agem como se a crença de que nossa vida deve ser um exemplo vivo de nossa política fosse, de algum modo, uma posição moral ingênua.

GW: Muitas leitoras de Freire sentem que a linguagem sexista da obra dele, que não foi modificada nem depois de ser questionada pelo movimento feminista contemporâneo e pela crítica feminista, é um exemplo negativo. Quando você leu Freire pela primeira vez, qual foi sua reação ao sexismo da linguagem dele?

bh: Enquanto lia Freire, em nenhum momento deixei de estar consciente não só do sexismo da linguagem como também do modo com que ele (e outros líderes políticos, intelectuais e pensadores críticos progressistas do Terceiro Mundo, como Fanon, Memmi etc.) constrói um paradigma falocêntrico da libertação – onde a liberdade e a experiência da masculinidade patriarcal estão ligadas como se fossem a mesma coisa. Isso é sempre motivo de angústia para mim, pois representa um ponto cego na visão de homens que têm uma percepção profunda. Por outro lado, não quero, em nenhuma hipótese, que a crítica desse ponto cego eclipse a capacidade de qualquer pessoa (e particularmente das feministas) de aprender com as percepções. É por isso que é difícil para mim falar sobre o sexismo na obra de Freire; é difícil encontrar uma linguagem que permita estruturar uma crítica e ao mesmo tempo continue reconhecendo tudo o que é valioso e respeitado na obra. Parece-me que a oposição binária tão embutida no pensamento e na linguagem ocidentais torna quase impossível que se projete uma resposta complexa. O sexismo de Freire é indicado pela linguagem de suas primeiras obras, apesar de tantas coisas continuarem libertadoras. Não é preciso pedir desculpas pelo sexismo. O próprio modelo de pedagogia crítica de Freire acolhe o questionamento crítico dessa falha na obra. Mas questionamento crítico não é o mesmo que rejeição.

GW: Então, você não vê contradição entre sua valorização da obra de Freire e seu compromisso com os estudos feministas?

bh: É o pensamento feminista que me dá força para fazer a crítica construtiva da obra de Freire (da qual eu precisava para que, como jovem leitora de seus trabalhos, não absorvesse passivamente a visão de mundo apresentada), mas existem muitos outros pontos de vista a partir dos quais abordo sua obra e que me permitem perceber o valor dela, permitem que essa obra toque o próprio âmago do meu ser. Conversando com feministas da academia (geralmente mulheres brancas) que sentem que devem ou desconsiderar ou desvalorizar a obra de Freire por causa do sexismo, vejo claramente que nossas diferentes reações são determinadas pelo ponto de vista a partir do qual encaramos a obra. Encontrei Freire quando estava sedenta, morrendo de sede (com aquela sede, aquela carência do sujeito colonizado, marginalizado, que ainda não tem certeza de como se libertar da prisão do *status quo*), e encontrei na obra dele (e na de Malcolm X, de

Fanon etc.) um jeito de matar essa sede. Encontrar uma obra que promove a nossa libertação é uma dádiva tão poderosa que, se a dádiva tem uma falha, isso não importa muito. Imagine a obra como água que contém um pouco de terra. Como estamos com sede, o orgulho não vai nos impedir de separar a terra e ser nutridos pela água. Para mim, essa experiência é muito semelhante ao jeito com que os indivíduos privilegiados encaram o uso da água no contexto do Primeiro Mundo. Quando você é privilegiado e vive num dos países mais ricos do mundo, pode desperdiçar recursos. E pode, especialmente, justificar o fato de jogar fora algo que considera impuro. Veja o que a maioria das pessoas faz com a água neste país. Muita gente compra água mineral porque considera a água de torneira impura – e é claro que essa compra é um luxo. Mesmo a nossa capacidade de considerar impura a água que sai da torneira é informada por uma perspectiva imperialista de consumo. É uma expressão de luxo, e não simplesmente uma reação à condição da água. Se encararmos o consumo de água de torneira a partir de uma perspectiva global, vamos ter de falar sobre ele de outra maneira. Vamos ter de levar em conta o que a grande maioria das pessoas do mundo têm de fazer para obter água quando estão com sede. A obra do Paulo foi uma água viva para mim.

GW: Em que medida você acha que sua experiência de ser afro-americana possibilitou que você se sintonizasse com a obra de Freire?

bh: Como eu já dei a entender, fui criada numa área rural do Sul agrário, entre negros que trabalhavam a terra, e me senti intimamente ligada à discussão da vida dos agricultores na obra de Freire e sua relação com a alfabetização. Sabe, não existem livros de história que realmente contem como era difícil a política da vida cotidiana para os negros no Sul segregacionista, quando tantas pessoas não sabiam ler e frequentemente dependiam de gente racista para explicar, ler e escrever. E eu fiz parte de uma geração que aprendia essas habilidades, que tinha um acesso à educação que ainda era novo. A ênfase na educação como necessária para a libertação, que os negros afirmavam na época da escravidão e depois durante a reconstrução, informava nossa vida. E por isso a ênfase de Freire na educação como prática da liberdade fez sentido imediatamente para mim. Consciente desde a infância da necessidade da alfabetização, levei comigo para a universidade a lembrança de ler para as pessoas, de escrever para as pessoas. Levei comigo as lembranças de professoras negras no sistema escolar segregado que tinham sido pedagogas críticas e tinham nos proporcionado paradigmas libertadores. Foi essa experiência precoce de uma educação libertadora na Booker T. Washington e na Crispus Attucks, as escolas negras dos meus anos de formação, que me deixou perpetuamente insatisfeita com a educação que recebi em ambientes predominantemente brancos. E foram educadores como Freire que afirmaram que as dificuldades que eu tinha com o sistema de educação bancária, com uma educação que nada tinha a ver com minha realidade social, eram uma crítica importante. Voltando à discussão do feminismo e do sexismo, quero dizer que me senti incluída em *Pedagogia do oprimido*, um dos primeiros livros de Freire que li, muito mais do que me senti incluída – em minha experiência de pessoa negra de origem rural – nos primeiros livros feministas que li, obras como *The Feminine Mystique* e *Born Female*. Nos Estados Unidos, não conversamos o suficiente sobre o modo com que a classe social molda nossa perspectiva da realidade. Visto que tantos dos primeiros livros feministas refletiam um certo tipo de sensibilidade burguesa branca, essas obras não tocaram profundamente muitas mulheres negras; não porque não reconhecêssemos as experiências que todas as mulheres partilham, mas porque esses pontos em comum eram mediados por diferenças profundas em nossas realidades, criadas pelas políticas de raça e classe social.

GW: Você pode falar da relação entre a obra de Freire e o desenvolvimento de sua obra de teoria feminista e crítica social?

bh: Ao contrário das pensadoras feministas que fazem uma separação nítida entre o trabalho da pedagogia feminista e a obra e o pensamento de Paulo Freire, para mim essas duas experiências convergem. Profundamente comprometida com a pedagogia feminista, peguei fios das obras de Paulo e teci-os naquela versão de pedagogia feminista que acredito estar incorporada no meu trabalho de escritora e professora. Quero afirmar mais uma vez que foi a interseção do pensamento de Paulo com a pedagogia vivida dos muitos professores negros da minha meninice (mulheres em sua maioria) – que se viam cumprindo a missão libertadora de nos educar de maneira a nos preparar para resistir eficazmente ao racismo e à supremacia branca – que teve profundo impacto sobre o meu pensamento a respeito da arte e da prática de ensinar. Essas negras não defendiam abertamente o feminismo (se é que conheciam a palavra), mas o próprio fato de insistirem na excelência acadêmica e no pensamento crítico e aberto para as negras jovens era uma prática antissexista.

GW: Fale de modo mais específico acerca dos trabalhos que você fez influenciados por Freire.

bh: Quero dizer que escrevi *Ain't I a Woman: Black Women and Feminism* quando era estudante de graduação (embora só tenha sido publicado muito depois). O livro era a manifestação concreta da minha luta com a questão de deixar de ser objeto e passar a ser sujeito – a própria questão que Paulo tinha proposto. E agora que muitas estudiosas feministas, se não a maioria, estão dispostas a reconhecer o impacto da raça e da classe social como fatores que moldam a identidade feminina, é fácil esquecer que no começo o movimento feminista não era um ambiente que acolhia bem a luta radical das mulheres negras para teorizar sobre sua subjetividade. A obra de Freire (e de muitos outros professores) afirmava meu direito, como sujeito de resistência, de definir minha realidade. Os escritos dele me proporcionaram um meio para situar a política do racismo nos Estados Unidos dentro de um contexto global onde eu via meu destino ligado ao dos negros que lutavam em toda parte para descolonizar, transformar a sociedade. Mais que na obra de muitas pensadoras feministas burguesas brancas, na obra de Paulo havia o reconhecimento da subjetividade dos menos privilegiados, dos que têm de carregar a maior parte do peso das forças opressoras (exceto pelo fato de ele nem sempre reconhecer as realidades da opressão e da exploração distinguidas segundo os sexos). Esse ponto de vista confirmava meu desejo de trabalhar a partir de uma compreensão vivida das vidas das mulheres negras pobres. Só nos anos recentes apareceu nos Estados Unidos uma vertente de trabalho acadêmico que não vê a vida dos negros através de lentes burguesas, um trabalho acadêmico fundamentalmente radical que afirma que a experiência dos negros, das negras, pode com efeito nos dizer mais sobre a experiência das mulheres em geral que uma análise que enfoca primeiro, sobretudo e sempre as mulheres que moram em locais privilegiados. Uma das razões pelas quais o livro *Cartas à Guiné-Bissau: registros de uma experiência em processo*, de Paulo, foi importante para meu trabalho é que se trata de um exemplo crucial de como um pensador crítico privilegiado aborda a partilha de conhecimento e recursos com os necessitados. É o Paulo num de seus momentos de sabedoria. Ele escreve:

> A ajuda autêntica, não é demais insistir, é aquela em cuja prática os que nela se envolvem se ajudam mutuamente, crescendo juntos no esforço comum de conhecer a realidade que buscam transformar. Somente numa tal prática, em que os que ajudam e os que são ajudados se ajudam simultaneamente, é que o ato de ajudar não se distorce em dominação do que ajuda sobre quem é ajudado.

Na sociedade americana, onde o intelectual – e especificamente o intelectual negro – muitas vezes assimilou e traiu conceitos revolucionários pelo interesse de manter o poder da classe social, é necessário e crucial que os intelectuais negros insurgentes tenham uma ética de luta que informe seu relacionamento com aqueles negros que não tiveram acesso aos modos de saber partilhados nas situações de privilégio.

GW: Comente, por favor, sobre a disposição de Freire a aceitar críticas, especialmente de pensadoras feministas.

bh: Em boa parte da obra de Paulo há um espírito generoso, uma qualidade de mente aberta que sinto estar frequentemente ausente dos meios intelectuais e acadêmicos na sociedade norte-americana, e os círculos feministas não têm sido exceção. É claro que Paulo parece ficar mais aberto à medida que fica mais velho. Eu também, à medida que envelheço, me sinto mais fortemente comprometida com uma prática de abertura da mente, uma disposição a receber críticas, e acho que nossa experiência mais profunda do fascismo no mundo, até nos círculos chamados "liberais", nos lembra que nossa vida, nosso trabalho, deve ser um exemplo. Nas obras de Freire dos últimos anos há muitas respostas às críticas dirigidas a seus escritos. E há aquele diálogo crítico adorável entre ele e Antonio Faundez em *Por uma pedagogia da pergunta* sobre a questão da linguagem, sobre o trabalho de Paulo na Guiné-Bissau. Aprendi com esse exemplo, aprendi ao ver sua disposição de lutar de modo não defensivo nos textos publicados, especificando suas deficiências de visão, suas mudanças de pensamento, suas novas reflexões críticas.

GW: Como foi, para você, interagir pessoalmente com Paulo Freire?

bh: Para mim, nosso encontro foi incrível; fez de mim uma estudiosa dedicada e uma camarada de Paulo para sempre. Vou lhe contar a história. Há alguns anos, Paulo foi convidado a vir à Universidade de Santa Cruz, onde eu então estudava e dava aula. Veio fazer seminários com alunos e professores do Terceiro Mundo e dar uma palestra pública. Eu não tinha ouvido sequer um rumor de que ele estava vindo, embora muita gente soubesse o quanto o trabalho dele significava para mim. Então, acabei descobrindo que ele vinha, mas me disseram que todas as vagas para o seminário já estavam preenchidas. Protestei. No diálogo que se seguiu, me disseram que eu não havia sido convidada para os encontros por medo de que, levantando críticas feministas, eu atrapalhasse a discussão de questões mais importantes. Embora me tenham deixado participar quando alguém desistiu no último minuto, meu peito já estava pesado com essa tentativa sexista de controlar minha voz, de controlar o encontro. E isso, é claro, criou uma guerra dentro de mim, pois eu de fato queria interrogar Paulo Freire pessoalmente sobre o sexismo em sua obra. Então, com cortesia, eu tomei a iniciativa na reunião. No mesmo instante em que certas pessoas falaram contra o fato de eu levantar essas questões e desvalorizaram sua importância, Paulo interveio para dizer que essas questões eram cruciais e as respondeu. Nesse momento eu realmente tive amor por ele, porque ele exemplificou com atos os princípios de sua obra. Se ele tivesse tentado silenciar ou desvalorizar uma crítica feminista, muitas coisas teriam mudado para mim. E não era suficiente, para mim, que ele reconhecesse seu "sexismo". Eu queria saber por que ele não tinha mudado esse aspecto de sua obra anterior, por que não tinha reagido a ele em seus escritos. Então, ele falou que se esforçaria mais para falar e escrever publicamente sobre essas questões – fato que ficou claro em sua obra posterior.

GW: Você foi mais afetada pela presença dele que pela obra dele?

bh: Outro grande professor meu (embora não tenhamos nos encontrado pessoalmente) é o monge budista vietnamita Thich Nhat Hanh. E ele diz em *The Raft Is Not the Shore* que "os grandes seres humanos trazem consigo uma espécie de atmosfera santa, e, quando os procuramos, sentimos paz, sentimos amor e sentimos coragem". Suas palavras definem adequadamente como foi para mim estar na presença do Paulo. Passei horas sozinha com ele, conversando, ouvindo música, tomando sorvete na minha lanchonete favorita. A sério, Thich Nhat Hanh ensina que uma certa atmosfera nasce ao mesmo tempo que um grande mestre. E ele diz:

> Quando você [o mestre, o professor] vem e fica uma hora conosco, traz consigo essa atmosfera ... É como se trouxesse uma vela para dentro da sala. A vela está ali; você traz consigo uma espécie de zona de luz. Quando um sábio está lá e você se senta perto dele, sente luz e sente paz.

A lição que aprendi vendo Paulo incorporar na prática aquilo que descreve na teoria foi profunda. Entrou em mim, me tocou de um jeito que nenhum escrito poderia tocar e me deu coragem. Não tem sido fácil para mim fazer o trabalho que faço e me situar na academia (ultimamente sinto que se tornou quase impossível), mas a gente se inspira a perseverar vendo o exemplo dos outros. A presença de Freire me inspirou. Não que eu não visse um comportamento sexista da parte dele; mas essas contradições são abraçadas como parte do processo de aprendizado, parte daquilo que a pessoa luta para mudar – e essa luta, muitas vezes, leva tempo.

GW: Você tem mais alguma coisa a dizer sobre a resposta de Freire à crítica feminista?

bh: Acho importante e significativo que apesar das críticas feministas à sua obra, frequentemente ásperas, Paulo reconheça que tem um papel a desempenhar nos movimentos feministas. Ele declara isso em *Por uma pedagogia da pergunta*:

> Se as mulheres forem críticas, terão que aceitar nossa contribuição como homens, assim como os trabalhadores têm que aceitar nossa contribuição como intelectuais, porque é um dever e um direito que eu tenho de participar da transformação da sociedade. Assim, se as mulheres devem ter a principal responsabilidade em sua luta, elas têm de saber que essa luta também é nossa, isto é, daqueles homens que não aceitam a posição machista no mundo. O mesmo se dá com o racismo. Enquanto homem branco, *aparentemente* – porque sempre digo que não tenho muita certeza da minha branquidão –, a questão é saber se eu estou, realmente, contra o racismo de forma radical. Se estou, então tenho o dever e o direito de lutar com o povo negro contra o racismo.

GW: Freire continua influenciando a sua obra? Em seus últimos trabalhos, você não o menciona com tanta constância quanto nos primeiros livros.

bh: Embora eu talvez não cite Freire com tanta frequência, ele ainda me ensina. Quando li *Por uma pedagogia da pergunta*, bem numa época em que tinha começado a fazer reflexões críticas sobre o povo negro e o exílio, havia ali tantas coisas sobre a experiência do exílio que me ajudaram. E o livro me empolgou. Tinha a qualidade daquele diálogo que é um verdadeiro gesto de amor, de que Paulo fala em outras obras. Assim, foi lendo esse livro que decidi que seria útil fazer um trabalho dialógico com o filósofo Cornel West. Fizemos o que Paulo chama de um "livro-diálogo", *Breaking Bread*. É claro que meu grande desejo é fazer um livro desses com o Paulo. Além disso, já faz algum tempo que venho trabalhando nuns ensaios sobre a morte e o morrer, particularmente os modos afro-americanos de morrer. Então, por uma incrível coincidência, estava procurando uma epígrafe para esse trabalho e encontrei estas passagens belíssimas de Paulo que refletem com tamanha intimidade a minha visão de mundo que foi como se, para usar uma velha frase do Sul dos Estados Unidos, "minha língua estivesse na boca do meu amigo". Ele escreve:

> Gosto de viver, de viver minha vida intensamente. Sou o tipo de pessoa que ama apaixonadamente a vida. É claro que um dia vou morrer; mas tenho a impressão de que, quando morrer, também vou morrer intensamente. Vou morrer experimentando intensamente comigo mesmo. Por isso, vou morrer com um anseio imenso pela vida, pois é assim que tenho vivido.

GW: Isso! Ouço você falando essas mesmas palavras. Algum último comentário?

bh: Somente que as palavras parecem não ser boas o suficiente para evocar tudo o que aprendi com Paulo. Nosso encontro teve aquela qualidade de doçura que continua, que perdura por toda a vida; mesmo que você nunca mais fale com a pessoa, nunca mais lhe veja o rosto, sempre pode voltar, em seu coração, àquele momento em que vocês estiveram juntos e ser renovada – é uma solidariedade profunda.

5

A TEORIA COMO PRÁTICA LIBERTADORA

Cheguei à teoria porque estava machucada – a dor dentro de mim era tão intensa que eu não conseguiria continuar vivendo. Cheguei à teoria desesperada, querendo compreender – apreender o que estava acontecendo ao redor e dentro de mim. Mais importante, queria fazer a dor ir embora. Vi na teoria, na época, um local de cura.

Cheguei à teoria jovem, quando ainda era criança. Em *The Significance of Theory*, Terry Eagleton diz:

> As crianças são os melhores teóricos, pois não receberam a educação que nos leva a aceitar nossas práticas sociais rotineiras como "naturais" e, por isso, insistem em fazer as perguntas mais constrangedoramente gerais e universais, encarando-as com um maravilhamento que nós, adultos, há muito esquecemos. Uma vez que ainda não entendem nossas práticas sociais como inevitáveis, não veem por que não poderíamos fazer as coisas de outra maneira.

Sempre que, na infância, eu tentava levar as pessoas ao meu redor a fazer as coisas de outra maneira, a olhar o mundo de outra forma, usando a teoria como intervenção, como meio de desafiar o *status quo*, eu era castigada. Lembro-me de, ainda muito nova, tentar explicar à Mamãe por que me parecia altamente injusto que o Papai, esse homem que quase não falava comigo, tivesse o direito de me disciplinar, de me castigar fisicamente com cintadas. A resposta dela foi dizer que eu estava perdendo o juízo e precisava ser castigada com mais frequência.

Imagine, por favor, esse jovem casal negro que batalhava antes de tudo para realizar a norma patriarcal (de a mulher ficar em casa tomando conta do lar e dos filhos enquanto o homem trabalhava fora) embora esse arranjo significasse que, economicamente, eles sempre viveriam com menos. Tente imaginar como era a vida para eles, cada qual trabalhando duro o dia inteiro, lutando para sustentar os sete filhos e tendo de lidar com essa criança incansável que, com um brilho no olhar, questionava, ousava desafiar a autoridade masculina, se rebelava contra a própria norma patriarcal que eles tanto tentavam institucionalizar.

Eles deviam ter a impressão de que um monstro havia aparecido entre eles na forma e no corpo de uma criança – uma figurinha demoníaca que ameaçava subverter e minar tudo o que eles buscavam construir. Não admira, então, que a reação deles fosse a de reprimir, conter, punir. Não admira que a Mamãe volta e meia me dissesse, irritada e frustrada: "Não sei de onde você veio, mas bem que eu gostaria de mandá-la de volta para lá!"

Imagine também, por favor, minha dor de infância. Eu não me sentia realmente ligada a essa gente estranha, a esses familiares que não só não conseguiam entender minha visão de mundo como também sequer queriam ouvir falar dela. Na infância, eu não sabia de onde tinha vindo. E, quando eu não estava tentando desesperadamente fazer parte dessa comunidade familiar que dava a impressão de nunca me aceitar nem me querer, estava buscando desesperadamente descobrir onde eu me encaixava. Estava buscando desesperadamente encontrar o caminho para casa. Como eu invejava a Dorothy de *O Mágico de Oz*, que pôde viajar entre seus piores medos e pesadelos para no fim descobrir que "não há lugar como o lar". Vivendo na infância sem ter a sensação de um lar, encontrei um refúgio na "teorização", em entender o que estava acontecendo. Encontrei um lugar onde eu podia imaginar futuros possíveis, um lugar onde a vida podia ser diferente. Essa experiência "vivida" de pensamento crítico, de reflexão e análise se tornou um lugar onde eu trabalhava para explicar a mágoa e fazê-la ir embora. Fundamentalmente, essa experiência me ensinou que a teoria pode ser um lugar de cura.

Na introdução ao livro *Prisoners of Childhood*, a psicanalista Alice Miller conta que foi sua luta pessoal para se recuperar dos ferimentos da infância que a levou a repensar e a teorizar de novo as doutrinas prevalecentes do pensamento social e crítico acerca do sentido da dor da infância, dos maus-tratos às crianças. Na vida adulta, por meio de sua prática, ela sentiu a teoria como um lugar de cura. Significativamente, teve de se imaginar no espaço da infância, de olhar de novo as coisas a partir dessa perspectiva, de lembrar "informações cruciais, respostas a perguntas que haviam continuado sem resposta ao longo de todo o [seu] estudo de filosofia e psicanálise". Quando nossa experiência vivida da teorização está fundamentalmente ligada a processos de autorrecuperação, de libertação coletiva, não existe brecha entre a teoria e a prática. Com efeito, o que essa experiência mais evidencia é o elo entre as duas – um processo que, em última análise, é recíproco, onde uma capacita a outra.

A teoria não é intrinsecamente curativa, libertadora e revolucionária. Só cumpre essa função quando lhe pedimos que o faça e dirigimos nossa teorização para esse fim. Quando era criança, é certo que eu não chamava de "teorização" os processos de pensamento e crítica em que me envolvia. Mas, como afirmei em *Feminist Theory: From Margin to Center*, a posse de um termo não dá existência a um processo ou prática; do mesmo modo, uma pessoa pode praticar a teorização sem jamais conhecer/possuir o termo, assim como podemos viver e atuar na resistência feminista sem jamais usar a palavra "feminismo".

Muitas vezes, as pessoas que empregam livremente certos termos – como "teoria" ou "feminismo" – não são necessariamente praticantes cujos hábitos de ser e de viver incorporam a ação, a prática de teorizar ou se engajar na luta feminista. Com efeito, o ato privilegiado de nomear muitas vezes abre aos poderosos o acesso a modos de comunicação e os habilita a projetar uma interpretação, uma definição, uma descrição de seu trabalho e de seus atos que pode não ser exata, pode esconder o que realmente está acontecendo. O ensaio "Producing Sex, Theory, and Culture: Gay/Straight Re-Mappings in Contemporary Feminism" (em *Conflicts in Feminism*), de Katie King, faz uma discussão muito útil do modo pelo qual a produção acadêmica de teoria feminista formulada num ambiente hierárquico muitas vezes habilita certas mulheres de alto *status* e visibilidade, particularmente as brancas, a se apoiar nos trabalhos de pensadoras feministas que podem ter menos *status* ou *status* nenhum, menos visibilidade ou visibilidade nenhuma, sem reconhecer as fontes. King discute o modo pelo qual os trabalhos são confiscados e o modo com que as leitoras frequentemente atribuem certas ideias a uma acadêmica/pensadora feminista bem conhecida, mesmo que essa pessoa tenha citado em sua obra que está construindo em cima de ideias obtidas em fontes menos conhecidas. Enfocando particularmente a obra da teórica Chela Sandoval, de origem mexicana, King afirma: "Os trabalhos de Sandoval só foram publicados esporádica e excentricamente, mas seus manuscritos não publicados em circulação são muito mais citados e frequentemente roubados, embora seu raio de influência raras vezes seja compreendido." Embora King corra o risco de se pôr no papel de babá quando assume retoricamente a postura de autoridade feminista, determinando o raio e a amplitude da influência de Sandoval, o ponto crítico que ela pretende enfatizar é que a produção da teoria feminista é um fenômeno complexo que raras vezes é tão individual quanto parece e geralmente nasce de um envolvimento com fontes coletivas. Ecoando teóricas feministas, especialmente mulheres de cor que trabalharam com perseverança para resistir à construção de fronteiras críticas restritivas dentro do pensamento feminista, King nos encoraja a ter um ponto de vista expansivo sobre o processo de teorização.

A reflexão crítica sobre a produção contemporânea da teoria feminista mostra com clareza que o distanciamento em relação às primeiras conceituações da teoria feminista (que insistiam em que ela era mais eficaz quando estimulava e capacitava a prática feminista) começa a ocorrer ou pelo menos se torna mais óbvio com a segregação e a institucionalização do processo de teorização feminista na academia, com a atribuição de privilégio ao pensamento/teoria feminista escrito em detrimento das narrativas orais. Concomitantemente, os esforços das mulheres negras e de cor para desafiar e desconstruir a categoria "mulher" – a insistência em reconhecer que o sexo não é o único fator que determina as construções de feminilidade – foram uma intervenção crítica que produziu uma revolução profunda no pensamento feminista e realmente questionou e perturbou a teoria feminista hegemônica produzida principalmente por acadêmicas, brancas em sua maioria.

No rastro dessa perturbação, o ataque à supremacia branca manifestada na aliança entre as acadêmicas brancas e seus colegas brancos parece ter-se formado e crescido em torno de esforços comuns para formular e impor padrões de avaliação crítica que fossem usados para definir o que é teoria e o que não é. Esses padrões frequentemente produziram o confisco e/ou a desvalorização dos trabalhos que não se "encaixavam", que de repente foram considerados não teóricos – ou não suficientemente teóricos. Em alguns ambientes, parece haver uma ligação direta entre o fato de as acadêmicas feministas brancas acolherem obras e teorias críticas de homens brancos e o fato de deixarem de respeitar e valorizar plenamente as ideias críticas e as propostas teóricas de mulheres negras ou de cor.

Os trabalhos de mulheres de cor e de grupos marginalizados de mulheres brancas (lésbicas e radicais sexuais, por exemplo), especialmente quando escritos num estilo que os torna acessíveis a um público leitor amplo, são frequentemente deslegitimizados nos círculos acadêmicos, mesmo que esses trabalhos possibilitem e promovam a prática feminista. Embora sejam frequentemente roubados pelos próprios indivíduos que estabelecem os padrões críticos restritivos, são esses trabalhos que esses indivíduos mais afirmam não serem teóricos. Claramente, um dos usos que esses indivíduos fazem da teoria é instrumental. Usam-na para criar hierarquias de pensamento desnecessárias e concorrentes que endossam as políticas de dominação na medida em que designam certas obras como inferiores ou superiores, mais dignas de atenção ou menos. King sublinha que "a teoria encontra usos diferentes em lugares diferentes". É evidente que um dos muitos usos da teoria no ambiente acadêmico é a produção de uma hierarquia de classes intelectuais onde as únicas obras consideradas realmente teóricas são as altamente abstratas, escritas em jargão, difíceis de ler e com referências obscuras. Em "A Conversation about Race and Class", de Childers e hooks (também publicada em *Conflicts in Feminism*), a crítica literária Mary Childers declara ser altamente paradoxal que "um certo tipo de desempenho teórico que só pode ser entendido por um círculo mínimo de pessoas" tenha passado a ser visto como representativo de toda a produção crítica passível de ser reconhecida como "teoria" nos círculos acadêmicos. É especialmente paradoxal que isso aconteça com a teoria feminista. E é fácil imaginar lugares diferentes, espaços fora da troca acadêmica, onde uma teoria desse tipo seria considerada não somente inútil como também reacionária do ponto de vista político, uma espécie de prática narcisista e autocomplacente que, em geral, procura criar uma brecha entre a teoria e a prática para perpetuar o elitismo de classe. Existem tantos contextos neste país em que a palavra escrita tem um significado visual mínimo, onde pessoas que não sabem ler nem escrever não encontram utilidade para nenhuma teoria publicada, seja ela lúcida ou opaca. Por isso, nenhuma teoria que não possa ser comunicada numa conversa cotidiana pode ser usada para educar o público.

Imagine a mudança que aconteceu dentro dos movimentos feministas quando as estudantes, mulheres em sua maioria, entraram nas aulas de Estudos da Mulher e leram o que lhes diziam ser teoria feminista, mas descobriram que aquilo que liam não tinha sentido, não podia ser entendido ou, quando era entendido, não tinha ligação nenhuma com as realidades "vividas" fora da sala de aula. Como ativistas feministas, podemos nos perguntar para que serve uma teoria feminista que agride as psiques frágeis de mulheres que lutam para sacudir o jugo opressivo do patriarcado. Podemos nos perguntar para que serve uma teoria feminista que literalmente as espanca, as expulsa trôpegas e de olhos vidrados do contexto da sala de aula, sentindo-se humilhadas, sentindo-se como se estivessem de pé numa sala ou num quarto em algum lugar, nuas, na presença de alguém que as seduziu ou vai seduzi-las, alguém que as sujeita a um processo de interação humilhante, que as despoja do sentido do seu valor. Evidentemente, uma teoria feminista que faz isso pode funcionar para legitimar os Estudos da Mulher e os Estudos Feministas aos olhos do patriarcado dominante, mas solapa e subverte os movimentos feministas. Talvez seja a existência dessa teoria feminista mais altamente visível que nos compele a falar do abismo entre a teoria e a prática. Pois o objetivo dessa teoria é, de fato, o de dividir, separar, excluir, manter a distância. E, uma vez que essa teoria continua sendo usada para silenciar, censurar e desvalorizar várias vozes teóricas feministas, não podemos simplesmente ignorá-la. Por outro lado, apesar de ser utilizada como instrumento de dominação, ela também pode conter importantes ideias, pensamentos e visões que, se fossem usados de modo diferente, poderiam ter uma função de cura e libertação. Entretanto, não podemos ignorar os perigos que ela representa para a luta feminista, que deve ter suas raízes numa teoria que informe, molde e possibilite a prática feminista.

Dentro dos círculos feministas, muitas mulheres, reagindo à teoria feminista hegemônica que não fala claramente conosco, passaram a atacar toda teoria e, em consequência, a promover ainda mais a falsa dicotomia entre teoria e prática. Assim, entram em conluio com aquelas a quem se opõem. Interiorizando o falso pressuposto de que a teoria não é uma prática social, elas promovem, dentro dos círculos feministas, a formação de uma hierarquia potencialmente opressora onde toda ação concreta é vista como mais importante que qualquer teoria escrita ou falada. Recentemente, fui a uma reunião onde estavam presentes principalmente mulheres negras. Aí discutimos se os líderes negros homens, como Martin Luther King e Malcolm X, devem ou não ser sujeitos a críticas feministas que questionem vigorosamente a posição deles diante dos assuntos de gênero. A discussão toda durou menos de duas horas. Quando estava terminando, uma negra que estivera em silêncio disse que não estava interessada em toda aquela teoria e retórica, toda aquela falação; que estava mais interessada na ação, em fazer algo, e estava simplesmente "cansada" da falação.

A reação dessa mulher me perturbou: é uma reação que conheço muito bem. Talvez, na vida cotidiana, essa pessoa habite um mundo diferente do meu. No mundo em que vivo meu dia a dia, há poucas ocasiões em que pensadoras negras ou de cor se juntam para debater com rigor questões de raça, gênero, classe social e sexualidade. Por isso, eu não sabia qual era o ponto de partida dela quando disse que a discussão que estávamos tendo era comum, comum a ponto de ser algo que poderíamos dispensar ou de que não precisávamos. Senti que estávamos engajadas num processo de diálogo crítico e de teorização que havia muito tempo era tabu. Logo, do meu ponto de vista nós estávamos mapeando novas jornadas, tomando posse, como mulheres negras, de um território intelectual onde poderíamos começar a construção coletiva da teoria feminista.

85

Em muitos contextos negros, assisti à rejeição dos intelectuais, ao rebaixamento da teoria, e fiquei calada. Acabei percebendo que o silêncio é um ato de cumplicidade que ajuda a perpetuar a ideia de que podemos nos engajar na libertação negra revolucionária e na luta feminista sem a teoria. Como muitos intelectuais negros insurgentes, cujo trabalho intelectual e cujo ensino se dão num contexto predominantemente branco, gosto muito de me engajar com um grupo coletivo de gente negra. Por isso, quando estou ali, não quero agitar o ambiente nem me separar do grupo por discordar dele. Nesses contextos, quando o trabalho dos intelectuais é desvalorizado, no passado eu quase nunca contestava os pressupostos prevalecentes nem falava afirmativamente ou entusiasmada sobre o processo intelectual. Tinha medo de que, se assumisse uma posição que insistia no valor do trabalho intelectual, da teoria em particular, ou se simplesmente afirmasse que pensava ser importante ler muito, eu corresse o risco de ser vista como pretensiosa ou mandona. Muitas vezes, fiquei em silêncio.

Esses riscos ao ego hoje parecem banais quando comparados às crises que enfrentamos como afro-americanos, com nossa necessidade premente de reavivar e manter acesa a chama da luta pela libertação negra. Na reunião que mencionei, tive coragem de falar. Respondendo à afirmativa de que estávamos perdendo nosso tempo falando, eu disse que via nossas palavras como uma ação, que nosso esforço coletivo de discutir questões de gênero e negritude sem censura era uma prática subversiva. Muitas questões que continuamos confrontando como negros – baixa autoestima, intensificação do niilismo e do desespero, raiva e violência reprimidas que destroem nosso bem-estar físico e psicológico – não podem ser resolvidas por estratégias de sobrevivência que deram certo no passado. Insisti em que precisávamos de novas teorias arraigadas na tentativa de compreender tanto a natureza da nossa situação atual quanto os meios pelos quais podemos nos engajar coletivamente numa resistência capaz de transformar nossa realidade. Entretanto, não fui tão rigorosa e insistente quanto seria num ambiente diferente, no meu esforço para enfatizar a importância do trabalho intelectual, da produção teórica como uma prática social que pode ser libertadora. Embora não estivesse com medo de falar, não queria ser vista como a "estraga-prazeres" que desfaz a doce sensação coletiva de solidariedade na negritude. Esse medo me lembrou de como era, mais de dez anos atrás, estar nos contextos feministas e fazer perguntas sobre a teoria e a prática, particularmente sobre questões de raça e racismo que eram consideradas capazes de romper a irmandade e a solidariedade femininas.

Parecia paradoxal que, numa reunião convocada para honrar Martin Luther King, que tantas vezes tivera coragem de falar e agir resistindo ao *status quo*, algumas mulheres negras ainda negassem nosso direito de nos engajar em diálogos e debates políticos de oposição, especialmente diante do fato de que essa ocorrência não é habitual nas comunidades negras. Por que aquelas mulheres negras sentiam a necessidade de policiar umas às outras, de negar às outras um espaço dentro da negritude onde pudéssemos falar de teoria sem sentir vergonha? Por que, quando tínhamos a oportunidade de celebrar juntas o poder de um pensador crítico negro que teve coragem de se pôr à parte, por que essa ansiedade de reprimir qualquer ponto de vista que desse a entender que podíamos aprender coletivamente com as ideias e visões de intelectuais/teóricas negras insurgentes, que pela própria natureza do trabalho que fazem estão necessariamente rompendo o estereótipo que nos faria crer que a "verdadeira" mulher negra é sempre aquela que fala visceralmente, que prefere o concreto ao abstrato, o material ao teórico?

Infinitas vezes, os esforços das mulheres negras para falar, quebrar o silêncio e engajar-se em debates políticos progressistas radicais enfrentam oposição. Há um elo entre a imposição de silêncio que experimentamos, a censura e o anti-intelectualismo em contextos predominantemente negros que deveriam ser um lugar de apoio (como um espaço onde só há mulheres negras), e aquela imposição de silêncio que ocorre em instituições onde se diz às mulheres negras e de cor que elas não podem ser plenamente ouvidas ou escutadas porque seus trabalhos não são suficientemente teóricos. Em "Travelling Theory: Cultural Politics of Race and Representation", o crítico cultural Kobena Mercer nos lembra que a negritude é complexa e multifacetada e que os negros podem ser inseridos numa política reacionária e antidemocrática. Assim como alguns acadêmicos de elite cujas teorias da "negritude" a transformam num território crítico onde só uns poucos escolhidos podem entrar – acadêmicos que usam os trabalhos teóricos sobre a raça como meio para afirmar sua autoridade sobre a experiência dos negros, negando o acesso democrático ao processo de construção teórica – ameaçam a luta pela libertação coletiva dos negros, aqueles entre nós que promovem o anti-intelectualismo, declarando que toda teoria é inútil, fazem a mesma coisa. Reforçando a ideia de uma cisão entre a teoria e a prática ou criando essa cisão, ambos os grupos negam o poder da educação libertadora para a consciência crítica, perpetuando assim condições que reforçam nossa exploração e repressão coletivas.

Há pouco tempo, fui lembrada desse perigoso anti-intelectualismo quando concordei em participar de um programa de rádio com um grupo de negras e negros para discutir *The Blackman's Guide to Understanding the Blackwoman*, de Shahrazad Ali. Todos os que falaram, um após o outro, expressaram desprezo pelo trabalho intelectual e se colocaram contra todo apelo em favor da produção teórica. Uma negra insistiu veementemente em que "não precisamos de teoria nenhuma". O livro de Ali, embora escrito em linguagem simples, num estilo que faz um uso interessante do vernáculo dos negros, tem uma base teórica. Está radicado em teorias do patriarcado (a crença essencialista e sexista de que a dominação do sexo feminino pelo masculino é "natural", por exemplo), teorias de que a misoginia é a única reação possível dos homens negros diante de qualquer tentativa de plena autoatualização feminina. Muitos nacionalistas negros abraçam com avidez a teoria e o pensamento críticos como armas necessárias na luta contra a supremacia branca, mas de repente perdem a noção de que a teoria é importante quando o assunto é gênero, é a análise do sexismo e da opressão sexista nos modos particulares e específicos com que ele se manifesta na experiência dos negros. A discussão do livro de Ali é um dos muitos exemplos possíveis que ilustram o modo pelo qual o desprezo e a desconsideração pela teoria solapam a luta coletiva de resistência à opressão e à exploração.

Dentro dos movimentos feministas revolucionários, dentro das lutas revolucionárias pela libertação dos negros, temos de reivindicar continuamente a teoria como uma prática necessária dentro de uma estrutura holística de ativismo libertador. Não basta chamar a atenção para os modos pelos quais a teoria é mal usada. Não basta criticar o uso conservador, e às vezes reacionário, que algumas acadêmicas fazem da teoria feminista. Temos de trabalhar ativamente para chamar a atenção para a importância de criar uma teoria capaz de promover movimentos feministas renovados, destacando especialmente aquelas teorias que procuram intensificar a oposição do feminismo ao sexismo e à opressão sexista. Fazendo isso, nós necessariamente celebramos e valorizamos teorias que podem ser, e são, partilhadas não só na forma escrita, mas também na forma oral.

Refletindo sobre meus próprios trabalhos de teoria feminista, percebo que o texto escrito – a conversa teórica – é mais significativo quando convida as leitoras a se engajar na reflexão crítica e na prática do feminismo. Para mim, essa teoria nasce do concreto, de meus esforços para entender as experiências da vida cotidiana, de meus esforços para intervir criticamente na minha vida e na vida de outras pessoas. Isso, para mim, é o que torna possível a transformação feminista. Se o testemunho pessoal, a experiência pessoal, é um terreno tão fértil para a produção de uma teoria feminista libertadora, é porque geralmente constitui a base da nossa teorização. Enquanto trabalhamos para resolver as questões mais prementes da nossa vida cotidiana (nossa necessidade de alfabetização, o fim da violência contra mulheres e crianças, a saúde da mulher, seus direitos reprodutivos e a liberdade sexual, para citar algumas), nos engajamos num processo crítico de teorização que nos capacita e fortalece. Continuo espantada com o fato de haver tanta produção de textos feministas mas de somente uma parte muito pequena da teoria feminista procurar falar com mulheres, homens e crianças a respeito de como podemos transformar nossa vida mediante uma conversão à prática feminista. Onde encontrar um corpo teórico feminista cujo objetivo seja ajudar os indivíduos a integrar o pensamento e a prática feministas em sua vida cotidiana? Que teoria feminista, por exemplo, tem o objetivo de auxiliar os esforços das mulheres que vivem em lares sexistas para produzir uma mudança feminista?

Sabemos que, nos Estados Unidos, muitos indivíduos usaram o pensamento feminista para educar-se de um modo que lhes permitiu transformar sua vida. Costumo criticar o feminismo baseado num estilo de vida determinado, pois temo que qualquer processo de transformação feminista que busque mudar a sociedade seja facilmente cooptado se não estiver radicado num compromisso político com um movimento feminista de massas. No patriarcado capitalista da supremacia branca, já assistimos à mercantilização do pensamento feminista (assim como assistimos à mercantilização da negritude) de um jeito tal que dá a impressão de que alguém pode participar do "bem" que esses movimentos produzem sem ter de se comprometer com uma política e uma prática transformadoras. Nesta cultura capitalista, o feminismo e a teoria feminista rapidamente se transformam numa mercadoria que só os privilegiados podem comprar. Esse processo de mercantilização é perturbado e subvertido quando, na qualidade de ativistas feministas, afirmamos nosso compromisso com um movimento feminista politizado e revolucionário que tem como objetivo central a transformação da sociedade. Desse ponto de partida, automaticamente pensamos em criar uma teoria que fale com o público o mais amplo possível. Já escrevi em outros textos, e disse em inúmeras palestras e conversas, que minhas decisões sobre o estilo de redação, o fato de eu não usar os formatos acadêmicos convencionais, são decisões políticas motivadas pelo desejo de incluir, de alcançar tantos leitores quanto possível no maior número possível de situações. Essa decisão teve consequências positivas e negativas. Os estudantes de várias instituições acadêmicas reclamam que não podem incluir minhas obras como leituras obrigatórias para os exames de conclusão de curso porque seus professores não as consideram suficientemente eruditas. Todas nós que criamos teorias e escritos feministas num ambiente acadêmico onde somos continuamente avaliadas sabemos que os textos considerados "não eruditos" e "não teóricos" podem nos impedir de receber o reconhecimento e a consideração que merecemos.

Mas, na minha vida, essas reações negativas parecem insignificantes em comparação com as reações maciçamente positivas à minha obra tanto dentro quanto fora da academia. Há pouco tempo, recebi uma série de cartas de presidiários negros que leram meus livros e queriam me dizer que estão trabalhando para desaprender o sexismo. Numa carta, o escritor se gabou, afetuosamente, de ter transformado meu nome numa "palavra que todos conhecem na penitenciária". Esses homens falam de uma reflexão crítica solitária, de usar essa obra feminista para compreender as implicações do patriarcado como força que molda sua identidade e sua ideia de masculinidade. Depois de receber uma poderosa resposta crítica de um desses homens negros ao meu livro *Yearning: Race, Gender and Cultural Politics*, fechei os olhos e tentei visualizar essa obra sendo lida, estudada e comentada num ambiente de penitenciária. Uma vez que o ambiente que mais me fez comentários críticos sobre o estudo da minha obra é geralmente acadêmico, partilho esse fato com vocês não para me vangloriar nem por falta de modéstia, mas para testemunhar, para que vocês saibam a partir da minha experiência pessoal que toda a nossa teoria feminista que tem o objetivo de transformar a consciência, que realmente quer falar com um público diversificado, funciona: não é uma fantasia ingênua.

Em palestras mais recentes, falei de como me sinto "abençoada" pelo fato de minha obra ser afirmada desse modo, por estar entre as teóricas feministas cujo trabalho cruza as falsas fronteiras e atua como catalisador da mudança social. No começo, houve muitas vezes em que minha obra foi sujeita a formas de rejeição e desvalorização que criaram um desespero profundo dentro de mim. Acho que esse desespero foi sentido por toda teórica/pensadora negra ou de cor cuja obra é de oposição e nada contra a corrente. Michele Wallace, por exemplo, escreveu de modo emocionante na introdução à reedição de *Black Macho and the Myth of the Superwoman* que ficou arrasada e por algum tempo foi silenciada pelas reações críticas negativas a seus primeiros trabalhos.

Sou grata por estar aqui e testemunhar que, se nos ativermos à crença de que o pensamento feminista deve ser partilhado com todos, quer por meio da fala, quer da escrita, e criarmos teorias tendo em mente esse programa, poderemos promover um movimento feminista do qual as pessoas vão querer – ansiar por – participar. Partilho o pensamento e a prática feministas onde quer que eu esteja. Quando me pedem que eu fale num contexto universitário, procuro outros contextos ou colaboro com os que me procuram para poder dar a qualquer pessoa as riquezas do pensamento feminista. Às vezes, os contextos surgem espontaneamente. Num restaurante do Sul, por exemplo, cujos donos são negros, me sentei durante horas com um grupo diversificado de negras e negros de várias classes sociais discutindo questões de raça, gênero e classe. Alguns tinham formação universitária, outros não. Tivemos uma discussão acalorada sobre o aborto, debatendo se as negras devem, ou não, ter o direito de escolher. Vários negros presentes, afrocêntricos, afirmavam que a escolha deve ser tanto do homem quanto da mulher. Uma das negras feministas presentes, diretora de uma clínica de saúde feminina, falou de modo eloquente e convincente sobre o direito da mulher de escolher.

Durante essa discussão acalorada, uma das negras presentes, que havia ficado em silêncio por bastante tempo, hesitando antes de entrar na conversa porque não sabia com certeza se seria capaz de comunicar a complexidade do seu pensamento no modo de falar dos negros (de tal modo que nós, os ouvintes, a escutássemos e compreendêssemos, e não zombássemos de suas palavras), encontrou sua voz. Quando eu estava indo embora, essa irmã se aproximou, me pegou firmemente pelas duas mãos e me agradeceu pela discussão. Como prefácio a suas palavras de gratidão, confidenciou que a conversa não só lhe permitira dar voz a sentimentos e ideias que ela sempre "guardara" para si como também, usando a voz, ela conseguira criar um espaço para que ela e o parceiro mudassem o pensamento e a ação. Disse isso diretamente, veementemente, quando estávamos cara a cara. Segurava minhas mãos e repetia: "Tinha uma dor tão grande dentro de mim." Agradeceu porque nosso encontro, nossa teorização sobre a raça, o gênero e a sexualidade, naquela tarde, haviam aliviado sua dor. Testemunhou que sentiu a dor ir embora, sentiu uma cura acontecendo dentro dela. Segurando minhas mãos, com o corpo colado ao meu, olhos nos olhos, ela me permitiu partilhar, empaticamente, o calor daquela cura. Queria que eu testemunhasse, ouvisse novamente tanto o nome da sua dor quanto o poder que surgiu quando sentiu a dor ir embora.

Não é fácil dar nome à nossa dor, torná-la lugar de teorização. Patricia Williams, no ensaio "On Being the Object of Property" (em *The Alchemy of Race and Rights*), escreve que até aqueles entre nós que são "conscientes" são obrigados a sentir a dor engendrada por todas as formas de dominação (homofobia, exploração de classe, racismo, sexismo, imperialismo).

> Há momentos na minha vida em que parece que perdi uma parte de mim. Há dias em que me sinto tão invisível que não consigo lembrar em que dia da semana estamos, em que me sinto tão manipulada que não consigo lembrar meu próprio nome, em que me sinto tão perdida e com tanta raiva que não consigo dizer uma palavra bem-educada às pessoas que mais me amam. É nesses momentos que vislumbro meu reflexo na vitrine de uma loja e me surpreendo ao ver uma pessoa inteira me olhando de lá. ... Nesses momentos, tenho de fechar os olhos e lembrar de mim mesma, desenhar uma figura interna que seja inteira e bem-acabada.

Não é fácil dar nome à nossa dor, teorizar a partir desse lugar.

Sou grata às muitas mulheres e homens que ousam criar teoria a partir do lugar da dor e da luta, que expõem corajosamente suas feridas para nos oferecer sua experiência como mestra e guia, como meio para mapear novas jornadas teóricas. O trabalho delas é libertador. Além de nos permitir lembrar de nós mesmos e nos recuperar, ele nos provoca e desafia a renovar nosso compromisso com uma luta feminista ativa e inclusiva. Ainda temos de fazer uma revolução feminista no plano coletivo. Sou grata porque, como pensadoras/teóricas feministas, estamos coletivamente em busca de meios para fazer esse movimento acontecer. Nossa busca nos leva de volta onde tudo começou, àquele momento em que uma mulher ou uma criança, que talvez se imaginasse completamente sozinha, começou uma revolta feminista, começou a dar nome à sua prática – começou, enfim, a formular uma teoria a partir da experiência vivida. Imaginemos que essa mulher, ou criança, estava sofrendo a dor do sexismo e da opressão sexista e queria que a dor fosse embora. Sou grata por poder ser uma testemunha, declarando que podemos criar uma teoria feminista, uma prática feminista, um movimento feminista revolucionário capaz de se dirigir diretamente à dor que está dentro das pessoas e oferecer-lhes palavras de cura, estratégias de cura, uma teoria da cura. Não há ninguém entre nós que não sentiu a dor do sexismo e da opressão sexista, a angústia que a dominação masculina pode criar na vida cotidiana, a infelicidade e o sofrimento profundos e inesgotáveis.

Mari Matsuda nos disse que "nos contam a mentira de que na guerra não existe dor" e que o patriarcado torna essa dor possível. Catharine MacKinnon nos lembra de que "há certas coisas que sabemos na nossa vida e cujo conhecimento nós vivemos, além de qualquer teoria que já tenha sido teorizada". Fazer essa teoria é o nosso desafio. Em sua produção jaz a esperança da nossa libertação; em sua produção jaz a possibilidade de darmos nome a toda a nossa dor – de fazer toda a nossa dor ir embora. Se criarmos teorias feministas e movimentos feministas que falem com essa dor, não teremos dificuldade para construir uma luta feminista de resistência com base nas massas. Não haverá brecha entre a teoria feminista e a prática feminista.

6

ESSENCIALISMO E EXPERIÊNCIA

As mulheres negras individuais engajadas no movimento feminista, escrevendo teoria feminista, persistiram em nossos esforços para desconstruir a categoria "mulher" e defenderam a ideia de que o gênero não é o único determinante da identidade feminina. O sucesso desse esforço pode ser avaliado não somente pelo quanto as estudiosas feministas confrontaram questões de raça e racismo, mas também pelos novos estudos que examinam o entrelaçamento de raça e gênero. Muitas vezes se esquece que a esperança não era somente que as estudiosas e ativistas feministas enfocassem a raça e o gênero, mas também que o fizessem de maneira a não endossar as hierarquias opressivas convencionais. Em particular, para a construção de um movimento feminista com base nas massas, considerava-se crucial que a teoria não fosse escrita de modo a eliminar e excluir ainda mais as mulheres negras e as mulheres de cor, ou, pior ainda, a nos incluir em posições subordinadas. Infelizmente, boa parte dos estudos feministas frustra essas esperanças, sobretudo porque os críticos não chegam a questionar o lugar desde onde levantam sua voz, supondo, como hoje é moda fazer, que não há necessidade de questionar se a perspectiva a partir da qual escrevem é informada por um pensamento racista e sexista, especificamente no que se refere à maneira com que as feministas percebem as mulheres negras e as mulheres de cor.

Esse problema dos estudos feministas que enfocam a raça e o gênero me chamou particularmente a atenção quando li *Essentially Speaking: Feminism, Nature and Difference*, de Diana Fuss. Intrigada pela discussão de Fuss a respeito dos debates atuais sobre o essencialismo e pelo modo com que ela problematiza a questão, minha curiosidade intelectual despertou. Em boa parte do livro ela faz uma análise brilhante, permitindo que os críticos considerem as possibilidades positivas do essencialismo e ao mesmo tempo levantando pertinentes críticas às suas limitações. Em meus textos sobre o assunto ("The Politics of Radical Black Subjectivity", "Post-Modern Blackness" em *Yearning*), embora não tenha enfocado tão especificamente o essencialismo quanto Fuss, centro-me em como as críticas do essencialismo conseguiram desconstruir proveitosamente a ideia de uma identidade e uma experiência negras monolíticas e homogêneas. Também discuto como uma crítica totalizadora de "subjetividade, essência, identidade" pode parecer muito ameaçadora para os grupos marginalizados, para quem a nomeação da própria identidade como parte da luta contra a dominação tem sido um gesto ativo de resistência política. *Essentially Speaking* me forneceu uma estrutura crítica que aumentou minha compreensão do essencialismo, mas quando cheguei na metade do livro de Fuss comecei a me sentir desanimada.

Esse desânimo começou quando li "'Race' under Erasure? Poststructuralist Afro-American Literary Theory".

Nesse ensaio, Fuss faz largas generalizações sobre a crítica literária afro-americana sem oferecer a menor pista sobre em qual corpo de trabalho se baseia para tirar suas conclusões. Seus pronunciamentos sobre a obra de críticas feministas negras são particularmente perturbadores. Fuss afirma: "Com a exceção dos trabalhos recentes de Hazel Carby e Hortense Spillers, as críticas feministas negras têm relutado em renunciar às posições críticas essencialistas e às práticas literárias humanistas." Curiosa para saber quais obras se encaixam nessa avaliação, espantei-me ao ver que Fuss só citava ensaios de Barbara Christian, Joyce Joyce e Barbara Smith. Embora essas pessoas façam críticas literárias válidas, é certo que não representam o conjunto da crítica feminista negra, particularmente da crítica literária. Resumindo em poucos parágrafos suas perspectivas sobre a literatura feminista negra, Fuss se concentra em Houston Baker e Henry Louis Gates, críticos literários negros do sexo masculino, citando uma porção significativa de seus escritos. Parece que uma hierarquia de gênero racializada se estabelece nesse capítulo, onde os escritos de homens negros sobre "raça" são considerados mais dignos de estudo aprofundado que a obra das críticas negras.

Quando ela rejeita e desvaloriza em uma frase o trabalho da maioria das críticas feministas negras, questões problemáticas se levantam. Visto que Fuss não quer examinar toda a amplitude do trabalho de crítica feminista feito por mulheres negras, é difícil apreender os fundamentos intelectuais que servem de base para sua crítica. Seus comentários sobre as críticas feministas negras parecem acréscimos a uma crítica que, quando começou, na verdade não incluía esses trabalhos em sua análise. E, na medida em que ela não explicita suas razões, me pergunto por que precisou mencionar a obra das críticas feministas negras e por que a usou para situar a obra de Spillers e de Carby como oposta aos escritos de outras críticas feministas negras. Escrevendo do ponto de vista de uma negra inglesa de ascendência caribenha, Carby não é de modo algum a primeira ou a única crítica feminista negra que – como Fuss dá a entender – nos leva "a questionar o essencialismo da historiografia feminista tradicional, que postula uma noção universalizante e hegemonizante da irmandade feminina global". Se a obra de Carby é mais convincente para Fuss do que outros escritos de feministas negras que ela leu (se é que de fato leu um grande número de obras feministas negras; em seus comentários e em sua bibliografia, tudo indica o contrário), ela poderia ter afirmado essa apreciação sem diminuir outras críticas feministas negras. Esse tratamento arrogante me lembra de como a inclusão pró-forma de mulheres negras nos estudos feministas e encontros profissionais assume aspectos desumanizantes. As mulheres negras são tratadas como uma caixa de bombons dada de presente às mulheres brancas para o prazer destas, que podem decidir para si mesmas e para as outras quais bombons são mais gostosos.

Paradoxalmente, embora Fuss elogie a obra de Carby e de Spillers, não é o trabalho delas o objeto das mais extensas interpretações críticas nesse capítulo. Com efeito, ela trata a subjetividade das mulheres negras como uma questão secundária. Esse tipo de estudo só é admissível num contexto acadêmico que regularmente marginaliza as mulheres negras dedicadas à crítica. Sempre me espanto com a absoluta ausência de referências aos trabalhos de mulheres negras nas obras críticas contemporâneas que pretendem tratar de modo inclusivo as questões de raça, gênero, feminismo, pós-colonialismo e assim por diante. Quando eu e as demais críticas negras confrontamos nossas colegas a respeito dessa ausência, elas em geral nos dizem que simplesmente não sabiam que esse material existia e estavam trabalhando com as fontes que conheciam. Lendo *Essentially Speaking*, supus que Diana Fuss ou não conhece o conjunto cada vez maior de obras de críticas feministas negras – particularmente no campo da crítica literária – ou exclui essas obras porque não as considera importantes. Está claro que baseia sua avaliação nas obras que conhece, fundamentando sua análise na experiência. No último capítulo do livro, Fuss critica especificamente o uso da experiência pessoal em sala de aula como base a partir da qual verdades totalizadoras são afirmadas. Muitas limitações que ela aponta poderiam ser facilmente aplicadas ao modo como a experiência informa não só os temas sobre os quais escrevemos, mas também o que escrevemos sobre esses temas, os juízos que fazemos.

Mais que qualquer outro capítulo de *Essentially Speaking*, esse último ensaio é especialmente perturbador. Também solapa a inteligente discussão anterior de Fuss sobre o essencialismo. Assim como minha experiência dos textos críticos escritos por pensadoras feministas negras me levaria a fazer avaliações diferentes das de Fuss, e certamente mais complexas, assim também minha reação ao capítulo "Essentialism in the Classroom" é, em certa medida, informada por minhas experiências pedagógicas diferentes. Esse capítulo me proporcionou um texto com o qual pude me relacionar dialeticamente; serviu como catalisador para eu clarear meus pensamentos sobre o essencialismo em sala de aula.

Segundo Fuss, as questões de "essência, identidade e experiência" irrompem na sala de aula principalmente devido à contribuição crítica dos grupos marginalizados. Em todo o capítulo, sempre que ela oferece um exemplo dos indivíduos que usam pontos de vista essencialistas para dominar a discussão, para silenciar os outros invocando a "autoridade da experiência", esses indivíduos são membros de grupos que foram e ainda são oprimidos e explorados nesta sociedade. Fuss não fala de como os sistemas de dominação já operantes na academia e na sala de aula silenciam as vozes de indivíduos dos grupos marginalizados e só lhes dão espaço quando é preciso falar com base na experiência. Não explica que as próprias práticas discursivas que permitem a afirmação da "autoridade da experiência" já foram determinadas por uma política de dominação racial, sexual e de classe social. Fuss não afirma agressivamente que os grupos dominantes – os homens, os brancos, os heterossexuais – perpetuam o essencialismo. Na sua narrativa, o essencialista é sempre um "outro" marginalizado. Mas a política da exclusão essencialista como meio de afirmação da presença, da identidade, é uma prática cultural que não nasce somente dos grupos marginalizados. E, quando esses grupos de fato empregam o essencialismo como meio de dominação em contextos institucionais, eles estão, em geral, imitando os paradigmas de afirmação da subjetividade que fazem parte do mecanismo de controle nas estruturas de dominação. É fato que muitos alunos brancos, homens, trouxeram à minha sala de aula uma insistência na autoridade da experiência, que lhes permite sentir que vale a pena ouvir tudo o que eles têm a dizer, ou mesmo que suas ideias e sua experiência devem ser o foco central da discussão em sala de aula. A política da raça e do sexo no patriarcado da supremacia branca lhes dá essa "autoridade" sem que eles tenham de dar nome ao desejo que têm dela. Eles nunca chegam na sala de aula e dizem: "Acho que sou intelectualmente superior aos meus colegas porque sou homem e branco e acho que minhas experiências são muito mais importantes que as de qualquer outro grupo." Mas seu comportamento muitas vezes proclama esse modo de pensar a respeito de identidade, essência e subjetividade.

Por que o capítulo de Fuss ignora as maneiras ocultas e ostensivas com que o essencialismo é expressado a partir de posições de privilégio? Por que ela critica principalmente os maus usos do essencialismo centrando sua análise nos grupos marginalizados? Isso os faz culpados pela perturbação da sala de aula, por torná-la um lugar "inseguro". Não é esse um dos modos convencionais com que o colonizador fala do colonizado, o opressor do oprimido? Fuss afirma: "Os problemas frequentemente começam na sala de aula quando os que 'estão por dentro' só têm contato com outros que 'estão por dentro', excluindo e marginalizando os que consideram estar fora do círculo mágico." Essa observação, que certamente poderia ser aplicada a qualquer grupo, serve de prefácio à análise de um comentário crítico de Edward Said que reforça a crítica fussiana dos perigos do essencialismo. Said aparece no livro como "representante em exercício" do Terceiro Mundo, legitimando o argumento dela. Ecoando criticamente o que Said afirma, Fuss comenta: "Para Said, é perigoso e errôneo basear uma política de identidade em teorias rígidas da exclusão, 'uma exclusão que estipula, por exemplo, que somente as mulheres podem compreender a experiência feminina, somente os judeus podem compreender o sofrimento judaico, somente os ex-colonizados podem compreender a experiência do colonialismo'." Concordo com a crítica de Said, mas reitero que, embora eu também critique o uso do essencialismo e da política de identidade como estratégias de exclusão e de dominação, fico desconfiada quando alguma teoria diz que essa prática é danosa como forma de dar a entender que é uma estratégia empregada apenas por grupos marginalizados. Minha desconfiança se baseia na percepção de que uma crítica do essencialismo que desafie somente os grupos marginalizados a questionar seu uso da política de identidade ou de um ponto de vista essencialista como meios de exercer poder coercitivo deixa incontroversas as práticas críticas de outros grupos que empregam as mesmas estratégias de diferentes maneiras e cujo comportamento excludente pode ser firmemente amparado por estruturas de dominação institucionalizadas que não o criticam nem o restringem. Ao mesmo tempo, não quero que as críticas à política de identidade possam se transformar num método novo, e chique, para silenciar os alunos de grupos marginais.

Fuss assinala que "a fronteira artificial entre os de dentro e os de fora necessariamente contém o conhecimento, em vez de disseminá-lo". Concordo, mas me perturba o fato de ela nunca reconhecer que o racismo, o sexismo e o elitismo de classe moldam a estrutura das salas de aula, predeterminando uma realidade vivida de confronto entre os de dentro e os de fora que muitas vezes já está instalada antes mesmo de qualquer discussão começar. Os grupos marginalizados raramente precisam introduzir essa oposição binária na sala de aula, pois em geral ela já está em operação. Podem simplesmente usá-la a serviço de seus interesses. Encarada de um ponto de vista favorável, a afirmação de um essencialismo excludente por parte dos alunos de grupos marginalizados pode ser uma resposta estratégica à dominação e à colonização, uma estratégia de sobrevivência que pode, com efeito, inibir a discussão ao mesmo tempo em que resgata esses alunos de um estado de negação. Fuss diz que "faz parte da lei não escrita da sala de aula não confiar naqueles que não podem citar a experiência como fundamento indisputável do seu conhecimento. Talvez essas leis não escritas sejam a maior ameaça à dinâmica da sala de aula, na medida em que alimentam a desconfiança entre os que estão dentro do círculo e a culpa (às vezes, a raiva) entre os que estão fora". Mas ela não discute quem faz essas leis, quem determina a dinâmica da sala de aula. Será que ela afirma sua autoridade de maneira a desencadear inadvertidamente uma dinâmica de competição, dando a entender que a sala de aula *pertence* ao professor mais que aos alunos, *pertence* mais a alguns alunos que a outros?

Como professora, reconheço que os alunos de grupos marginalizados têm aula dentro de instituições onde suas vozes não têm sido nem ouvidas nem acolhidas, quer eles discutam fatos – aqueles que todos nós podemos conhecer –, quer discutam experiências pessoais. Minha pedagogia foi moldada como uma resposta a essa realidade. Se não quero que esses alunos usem a "autoridade da experiência" como meio de afirmar sua voz, posso contornar essa possibilidade levando à sala de aula estratégias pedagógicas que afirmem a presença deles, seu direito de falar de múltiplas maneiras sobre diversos tópicos. Essa estratégia pedagógica se baseia no pressuposto de que todos nós levamos à sala de aula um conhecimento que vem da experiência e de que esse conhecimento pode, de fato, melhorar nossa experiência de aprendizado. Se a experiência for apresentada em sala de aula, desde o início, como um modo de conhecer que coexiste de maneira não hierárquica com outros modos de conhecer, será menor a possibilidade de ela ser usada para silenciar. Quando falo sobre *The Bluest Eye*, de Toni Morrison, no curso introdutório sobre escritoras negras, peço aos alunos que escrevam um parágrafo autobiográfico sobre uma lembrança racial do início de sua vida. Cada pessoa lê seu parágrafo em voz alta para a classe. O ato de ouvir coletivamente uns aos outros afirma o valor e a unicidade de cada voz. Esse exercício ressalta a experiência sem privilegiar as vozes dos alunos de um grupo qualquer. Ajuda a criar uma consciência comunitária da diversidade das nossas experiências e proporciona uma certa noção daquelas experiências que podem informar o modo como pensamos e o que dizemos. Visto que esse exercício transforma a sala de aula num espaço onde a experiência é valorizada, não negada nem considerada sem significado, os alunos parecem menos tendentes a fazer do relato da experiência um lugar onde competem pela voz, se é que de fato essa competição está acontecendo. Na nossa sala de aula, os alunos em geral não sentem a necessidade de competir, pois o conceito da voz privilegiada da autoridade é desconstruído pela nossa prática crítica coletiva.

No capítulo "Essentialism in the Classroom", Fuss centra sua discussão na localização de uma voz particular de autoridade. Aqui, essa voz é a dela. Quando ela levanta a questão de "como devemos lidar" com os alunos, o uso da palavra "lidar" sugere imagens de manipulação. E seu uso de um sujeito coletivo "nós" implica a noção de uma prática pedagógica unificada, partilhada por outros professores. Nas instituições onde ensinei, o modelo pedagógico prevalecente é autoritário, coercitivamente hierárquico e frequentemente dominador. Nele, a voz do professor é, sem dúvida, a transmissora "privilegiada" do conhecimento. Em geral, esses professores desvalorizam a inclusão da experiência pessoal na sala de aula. Fuss admite desconfiar das tentativas de censurar a narração de histórias pessoais na sala de aula com base no fato de elas não terem sido "suficientemente 'teorizadas'", mas indica em todo esse capítulo que, lá no fundo, não acredita que a partilha de experiências pessoais possa contribuir significativamente com as discussões em sala de aula. Se essa parcialidade informa a pedagogia dela, não surpreende que a invocação da experiência seja usada agressivamente para afirmar um modo privilegiado de conhecimento, quer contra ela, quer contra outros alunos. Se a pedagogia do professor não for libertadora, os estudantes provavelmente competirão pela valorização e pela voz em sala de aula. O fato de pontos de vista essencialistas serem usados competitivamente não significa que seja a tomada dessas posições que crie a situação de conflito.

As experiências de Fuss na sala de aula podem refletir o modo pelo qual a "competição pela voz" se torna uma parte inseparável de sua prática pedagógica. A maioria dos comentários e observações que ela faz sobre o essencialismo na sala de aula é baseada na sua experiência (e talvez na dos seus colegas, embora isso não seja explicitado). Com base nessa experiência, ela se sente à vontade para asseverar que "permanece convicta de que os apelos à autoridade da experiência raramente promovem a discussão e frequentemente provocam confusão". Para sublinhar ainda mais esse ponto, ela diz: "Sempre me dou conta de que a introjeção de verdades experienciais nos debates em sala de aula leva a discussão para um beco sem saída." Fuss recorre à sua experiência particular para fazer generalizações totalizadoras. Como ela, eu também já vi de que modo os pontos de vista essencialistas podem ser usados para silenciar ou afirmar a autoridade sobre a oposição, mas, com mais frequência, vejo que a experiência e a narração das experiências pessoais podem ser incorporadas na sala de aula de maneira a aprofundar a discussão. E o que mais me anima é quando a narração de experiências liga as discussões de fatos ou de construtos mais abstratos com a realidade concreta. Minhas experiências na sala de aula talvez sejam diferentes das de Fuss porque falo com a voz de uma "outra" institucionalmente marginalizada, e não tenho aqui a pretensão de assumir uma posição essencialista. Há muitas professoras universitárias negras que não reivindicariam essa posição. A maioria dos alunos que entram na nossa sala nunca tiveram aula com professoras negras. Minha pedagogia é informada por esse conhecimento, pois sei por experiência que essa falta de familiaridade pode superdeterminar o que acontece na aula. Além disso, ciente (por experiência pessoal como aluna em instituições predominantemente brancas) de o quanto é fácil um aluno se sentir isolado ou posto para fora, me esforço particularmente por criar um processo de aprendizado na sala de aula que envolva a todos. Por isso, as parcialidades impostas por pontos de vista essencialistas ou pela política de identidade, ao lado daquelas perspectivas que insistem que a experiência não tem lugar na sala de aula (ambas as posições podem criar uma atmosfera de coerção e exclusão), devem ser questionadas pelas práticas pedagógicas. As estratégias pedagógicas podem determinar a medida com que todos os alunos aprendem a se envolver de modo mais pleno com ideias e questões que parecem não ter relação direta com sua experiência.

    Fuss não afirma que os professores cientes dos múltiplos modos pelos quais os pontos de vista essencialistas podem ser usados para fechar a discussão podem construir uma pedagogia que intervenha criticamente antes de um grupo tentar silenciar outro. Os próprios professores universitários, especialmente os dos grupos dominantes, às vezes empregam noções essencialistas para constranger as vozes de determinados alunos; por isso, todos nós temos de vigiar sempre as nossas práticas pedagógicas. Sempre que os alunos partilham comigo a impressão de que minhas práticas pedagógicas os estão silenciando, tenho de examinar criticamente esse processo. Embora Fuss admita, com relutância, que a narração de experiências na sala de aula pode ter algumas implicações positivas, sua admissão é bastante paternalista:

> É claro que a verdade não se identifica com a experiência, mas não se pode negar que é exatamente a ideia fictícia de que as duas são a mesma coisa que impele muitos alunos, que de outro modo talvez não falassem, a entrar energicamente naqueles debates que, segundo percebem, têm relação direta com eles. A autoridade da experiência, em outras palavras, não funciona somente para silenciar os alunos, mas também para fortalecê-los. Como devemos negociar a brecha entre a ficção conservadora da experiência como base de toda verdade-conhecimento e o imenso poder dessa ficção para habilitar e estimular a participação dos alunos?

Todos os alunos, não somente os de grupos marginalizados, parecem mais dispostos a participar energicamente das discussões em sala quando percebem que elas têm uma relação direta com eles (se os alunos não brancos só falam na sala quando se sentem ligados ao tema pela experiência, esse comportamento não é aberrante). Os alunos, mesmo quando versados num determinado tema, podem ser mais tendentes a falar com confiança quando ele se relaciona diretamente com sua experiência. Devemos lembrar de novo que existem alunos que não sentem a necessidade de reconhecer que sua participação entusiástica é deflagrada pela ligação da discussão com sua experiência pessoal.

No parágrafo introdutório de "Essentialism in the Classroom", Fuss pergunta: "O que é exatamente a 'experiência'? Devemos acatá-la nas situações pedagógicas?" Esse modo de formular a questão dá a impressão de que os comentários sobre a experiência necessariamente perturbam a aula, envolvendo o professor e os alunos numa luta pela autoridade que pode ser mediada mediante a aquiescência do professor. A mesma questão, porém, pode ser formulada de um modo que não implica uma desvalorização condescendente da experiência. Podemos perguntar: como os professores e alunos que quiserem partilhar suas experiências pessoais em sala de aula podem fazê-lo sem promover pontos de vista essencialistas excludentes? Muitas vezes, quando os professores afirmam a importância da experiência, os alunos sentem menos necessidade de insistir em que ela é um modo privilegiado de conhecimento. Henry Giroux, escrevendo sobre a pedagogia crítica, diz que "a noção de experiência tem de ser situada dentro de uma teoria do aprendizado". Giroux afirma que os professores universitários têm de aprender a respeitar não só o modo como os alunos se sentem a respeito das próprias experiências, mas também a necessidade deles de falar delas na sala de aula: "Não se pode negar que os alunos têm experiências e tampouco se pode negar que essas experiências são importantes para o processo de aprendizado, embora se possa dizer que elas são limitadas, não elaboradas, infrutíferas ou seja o que for. Cada aluno tem suas lembranças, sua família, sua religião, seus sentimentos, sua língua e sua cultura, que lhe dão uma voz característica. Podemos encarar essa experiência criticamente e ir além dela. Mas não podemos negá-la." Geralmente, é nos contextos onde o conhecimento experimental dos alunos é negado que eles se sentem mais determinados a provar aos ouvintes tanto o valor da experiência como sua superioridade em relação aos outros modos de conhecimento.

Ao contrário de Fuss, jamais estive numa sala de aula onde os alunos consideram "analiticamente suspeitos os modos empíricos de conhecimento". Já dei cursos de teoria feminista nos quais os alunos exprimem raiva contra os trabalhos que não esclarecem sua relação com a experiência concreta, que não envolvem de modo inteligível a práxis feminista. A frustração dos alunos se dirige contra a incapacidade da metodologia, da análise e do texto abstrato (acusações lançadas, frequentemente com razão, contra o material de leitura) de ligar aquele trabalho ao esforço deles de levar uma vida mais plena, de transformar a sociedade, de viver a política do feminismo.

A política de identidade nasce da luta de grupos oprimidos ou explorados para assumir uma posição a partir da qual possam criticar as estruturas dominantes, uma posição que dê objetivo e significado à luta. As pedagogias críticas da libertação atendem a essas preocupações e necessariamente abraçam a experiência, as confissões e os testemunhos como modos de conhecimento válidos, como dimensões importantes e vitais de qualquer processo de aprendizado. Cética, Fuss pergunta: "Por acaso a experiência da opressão confere uma competência especial sobre o direito de falar dessa opressão?" Ela não responde a essa pergunta. Se ela me fosse feita pelos alunos em sala de aula, eu lhes pediria que se perguntassem se existe um conhecimento "especial" a ser adquirido ouvindo-se os indivíduos oprimidos falar sobre sua experiência – seja ela de vitimização, seja de resistência –, o que, em caso afirmativo, nos levaria a querer criar um espaço privilegiado para essa discussão. Poderíamos então explorar os modos pelos quais os indivíduos adquirem conhecimento sobre uma experiência que não viveram, perguntando-nos quais questões morais se levantam quando eles falam sobre uma realidade que não conhecem por experiência, especialmente quando falam sobre um grupo oprimido. Em classes marcadas pela extrema diversidade, onde tentei falar sobre grupos explorados não negros, eu disse que, embora eu só oferecesse à classe modos analíticos de conhecer, se alguém mais oferecesse suas experiências pessoais, eu acolheria esse conhecimento, porque ele incrementaria nosso aprendizado. Além disso, partilho com a classe a convicção de que meu conhecimento é limitado; e, se alguém mais oferece uma combinação de fatos objetivos e experiência pessoal, eu me submeto e aprendo respeitosamente com aqueles que nos dão essa grande dádiva. Posso fazer isso sem negar a posição de autoridade dos professores universitários, uma vez que, fundamentalmente, acredito que a combinação do analítico com o experimental constitui um modo de conhecimento mais rico.

Há anos, fiquei grata ao descobrir a expressão "a autoridade da experiência" nos escritos feministas, pois ela me permitiu dar nome a algo que eu introduzia nas aulas feministas, algo de que eu sentia falta mas considerava importante. Como aluna de graduação em salas de aula feministas onde a experiência da mulher era universalizada, eu sabia, por causa da minha experiência de mulher negra, que a realidade das mulheres negras estava sendo excluída. Falava a partir desse conhecimento. Não havia corpo teórico que eu pudesse invocar para comprovar essa alegação. Naquela época, ninguém queria ouvir falar da desconstrução da mulher como categoria de análise. A insistência no valor da minha experiência foi crucial para que eu ganhasse ouvintes. É certo que a necessidade de compreender minha experiência me motivou, ainda na graduação, a escrever *Ain't I a Woman: Black Women and Feminism*.

Hoje me sinto perturbada pelo termo "autoridade da experiência" e tenho aguda consciência de como ele é usado para silenciar e excluir. Mas quero dispor de uma expressão que afirme o caráter especial daqueles modos de conhecer radicados na experiência. Sei que a experiência pode ser um meio de conhecimento e pode informar o modo como sabemos o que sabemos. Embora me oponha a qualquer prática essencialista que construa a identidade de maneira monolítica e exclusiva, não quero abrir mão do poder da experiência como ponto de vista a partir do qual fazer uma análise ou formular uma teoria. Eu me perturbo, por exemplo, quando todos os cursos sobre história ou literatura negras em algumas faculdades e universidades são dados unicamente por professores brancos; me perturbo não porque penso que eles não conseguem conhecer essas realidades, mas sim porque as conhecem de modo diferente. A verdade é que, no primeiro ano de faculdade, se eu tivesse tido a oportunidade de estudar o pensamento crítico afro-americano com um professor progressista negro, eu o teria preferido à professora progressista branca com quem efetivamente fiz o curso. Embora tenha aprendido muito com essa professora branca, creio sinceramente que teria aprendido ainda mais com um(a) professor(a) progressista negro(a), pois esse indivíduo teria levado à sala de aula essa mistura especial dos modos experimental e analítico de conhecimento – ou seja, um ponto de vista privilegiado. Esse ponto de vista não pode ser adquirido por meio dos livros, tampouco pela observação distanciada e pelo estudo de uma determinada realidade. Para mim, esse ponto de vista privilegiado não nasce da "autoridade da experiência", mas sim da paixão da experiência, da paixão da lembrança.

Muitas vezes, a experiência entra na sala de aula a partir da memória. As narrativas da experiência em geral são contadas retrospectivamente. No testemunho da camponesa e ativista guatemalteca Rigoberta Menchú, ouço a paixão da lembrança em suas palavras:

> Minha mãe costumava dizer que em toda a sua vida, por meio de seu testemunho vivo, ela tentou dizer às mulheres que elas também devem participar, para que, quando vem a repressão e com ela muito sofrimento, não sejam somente os homens a sofrer. As mulheres devem se unir à luta do seu jeito particular. As palavras da minha mãe lhes diziam que toda evolução, toda mudança, em que as mulheres não participassem, não seria mudança nenhuma e não haveria vitória. Ela tinha tanta certeza disso quanto teria se fosse uma mulher com todo tipo de teoria e muita prática.

Sei que posso assimilar esse conhecimento e veicular a mensagem das palavras dela. Seu sentido pode ser facilmente transmitido. O que se perderia na transmissão é o espírito que ordena essas palavras, que declara que por trás delas – por baixo, em todo lugar – há uma realidade vivida. Quando uso a expressão "paixão da experiência", ela engloba muitos sentimentos, mas particularmente o sofrimento, pois existe um conhecimento particular que vem do sofrimento. É um modo de conhecer que muitas vezes se expressa por meio do corpo, o que ele conhece, o que foi profundamente inscrito nele pela experiência. Essa complexidade da experiência dificilmente poderá ser declarada e definida a distância. É uma posição privilegiada, embora não seja a única nem, muitas vezes, a mais importante a partir da qual o conhecimento é possível. Na sala de aula, comunico o máximo possível a necessidade de os pensadores críticos se engajarem em múltiplas posições, considerarem diversos pontos de vista, para podermos reunir conhecimento de modo pleno e inclusivo. Digo aos alunos que, às vezes, isso é como uma receita de culinária. Peço-lhes que imaginem que estamos fazendo pão. Temos todos os ingredientes menos a farinha. De repente, a farinha se torna a coisa mais importante, embora sozinha ela não sirva para fazer pão. É uma maneira de pensar sobre a experiência em sala de aula.

Em outra ocasião, peço aos alunos que pensem sobre o que queremos fazer acontecer na classe, que definam o que esperamos conhecer, o que poderia ser mais útil. Pergunto-lhes qual ponto de vista é uma experiência pessoal. Também existem momentos em que a experiência pessoal nos impede de alcançar o topo da montanha, e então a deixamos de lado, pois seu peso é muito grande. E às vezes é difícil alcançar o topo da montanha com todos os nossos recursos factuais e confessionais; então estamos todos juntos ali, tateando, sentindo as limitações do conhecimento, ansiando juntos, procurando um meio de chegar àquele ponto mais alto. Até esse anseio é um modo de conhecimento.

7

DE MÃOS DADAS COM MINHA IRMÃ

SOLIDARIEDADE FEMINISTA

> *"O feminismo tem de estar na vanguarda da mudança social efetiva para que sobreviva como movimento em qualquer país."*
>
> — **Audre Lorde,** *A Burst of Light*

> *"Somos vítimas da nossa História e do nosso Presente. Eles colocam demasiados obstáculos no Caminho do Amor. E não podemos sequer gozar nossas diferenças em paz."*
>
> — **Ama Ata Aidoo,** *Our Sister Killjoy*

As perspectivas patriarcais sobre as relações raciais tradicionalmente evocam a imagem de homens negros adquirindo a liberdade de ter contato sexual com mulheres brancas como o relacionamento pessoal que melhor exemplifica o vínculo entre a luta pública pela igualdade racial e a política privada da intimidade inter-racial. O medo racista de que a aceitação social de relacionamentos amorosos entre homens negros e mulheres brancas desmontaria a estrutura da família patriarcal branca intensificou, ao longo da história, a sensação de tabu, embora alguns indivíduos decidissem transgredir as fronteiras. Mas o sexo entre homens negros e mulheres brancas, mesmo quando legalmente sancionado pelo casamento, não teve o impacto que se temia. Não pôs em risco os fundamentos do patriarcado branco. Não promoveu a luta pelo fim do racismo. O ato de transformar a experiência sexual heterossexual – particularmente a questão do acesso dos homens negros ao corpo das mulheres brancas – na expressão quintessencial da libertação racial roubou a atenção da importância das relações sociais entre as mulheres brancas e as negras e de como esse contato determina e afeta as relações inter-raciais.

Adolescente no final dos anos 1960, eu vivia numa cidade do Sul segregada por raça e sabia que os homens negros que desejavam intimidade com brancas, e vice-versa, conseguiam estabelecer esses vínculos. Mas não conhecia nenhuma intimidade, nenhuma proximidade, nenhuma amizade entre mulheres negras e brancas. Embora isso nunca fosse discutido, era evidente, na vida cotidiana, que barreiras sólidas separavam os dois grupos, tornando impossível uma amizade íntima. O ponto de contato entre as negras e as brancas era a relação serva-senhora, uma relação hierárquica baseada no poder e não mediada pelo desejo sexual. As negras eram as servas e as brancas, as senhoras.

Naquela época, até a branca pobre que jamais teria condições de contratar uma empregada negra afirmaria, em seus encontros com mulheres negras, uma presença dominadora, garantindo que o contato entre os dois grupos sempre colocasse as brancas em posição de poder em relação às negras. A relação entre serva e senhora se estabelecia na esfera doméstica, dentro de casa, num contexto de familiaridade e coisas em comum (a crença de que era dever da mulher cuidar da casa era comum às brancas e às negras). Dada essa semelhança entre as posições das brancas e as das negras dentro das normas sexistas, o contato pessoal entre os dois grupos era cuidadosamente construído de forma a reforçar a diferença de *status* baseada na raça. O reconhecimento das diferenças de classe social não era divisão suficiente; as mulheres brancas queriam que seu *status* racial fosse afirmado. Criaram estratégias manifestas e ocultas para reforçar a diferença racial e afirmar sua posição de superioridade. Isso acontecia especialmente nos lares onde as mulheres brancas permaneciam em casa durante o dia enquanto as empregadas negras trabalhavam. As brancas falavam dos "*niggers*"* ou executavam gestos ritualizados focados na raça para pôr em evidência as diferenças de *status*. Até um gesto pequeno – como o de mostrar à empregada um vestido novo que esta jamais poderia experimentar numa loja, em razão das leis racistas – lembrava todas as envolvidas da diferença de *status* baseada na raça.

No decorrer da história, o esforço das mulheres brancas para manter a dominação racial esteve diretamente ligado à política de heterossexismo dentro de um patriarcado da supremacia branca. As normas sexistas, que estipulavam que as mulheres brancas eram inferiores em razão de seu sexo, podiam ser mediadas pelos vínculos raciais. Embora os homens, brancos e negros, se preocupassem antes de tudo em policiar os corpos de mulheres brancas ou ganhar acesso a eles, na realidade social onde as mulheres brancas viviam os homens brancos engajavam-se ativamente em relacionamentos sexuais com mulheres negras. Na mente da maioria das mulheres brancas, pouco importava que a maioria esmagadora dessas ligações se forjasse mediante coerção agressiva, estupro e outras formas de agressão sexual; as brancas viam as negras como concorrentes no mercado sexual. Dentro de um contexto cultural onde o

---

* Termo ofensivo com que os brancos racistas designam os negros nos Estados Unidos. (N. do T.)

status da mulher branca era determinado por seu relacionamento com os homens brancos, as brancas queriam, logicamente, preservar uma separação clara entre seu *status* e o das negras. Era essencial que as negras fossem mantidas a distância, que os tabus raciais que proibiam as relações legais entre os dois grupos fossem reforçados quer pela lei, quer pela opinião social. (Nos raros casos em que brancos donos de escravos se divorciaram para legitimar suas relações com escravas negras, eles foram geralmente considerados loucos.) Num patriarcado da supremacia branca, o relacionamento que mais ameaçava perturbar, pôr em cheque e desmontar o poder branco e a concomitante ordem social era a união legalizada entre um homem branco e uma mulher negra. Os testemunhos dos escravos e os diários de mulheres brancas do Sul registram incidentes de ciúmes, rivalidade e competição sexual entre as senhoras brancas e as negras escravizadas. Os registros judiciais documentam que alguns homens brancos tentaram, de fato, obter o reconhecimento público de suas ligações com mulheres negras, quer pelo casamento, quer pela tentativa de legar dinheiro e bens por meio de testamento. A maioria desses casos sofria a impugnação dos familiares brancos. O importante é que as mulheres brancas estavam protegendo sua frágil posição social e seu poder afirmando sua superioridade sobre as mulheres negras. Não necessariamente tentavam impedir os homens brancos de ter relações sexuais com negras, pois não tinham poder para isso – tal é a natureza do patriarcado. Enquanto as uniões sexuais entre negras e brancos acontecessem num contexto não legalizado e numa estrutura de sujeição, coerção e degradação, a cisão entre o *status* de "madames" das mulheres brancas e a representação das negras como "prostitutas" podia se manter. Assim, em certa medida, os privilégios de raça e classe das mulheres brancas eram reforçados pela manutenção de um sistema em que as negras eram objetos de sujeição e abuso por parte dos homens brancos.

As discussões atuais sobre a história dos relacionamentos entre mulheres brancas e negras têm de levar em conta a amargura das escravas negras diante das mulheres brancas. Elas tinham um ressentimento compreensível e uma raiva reprimida da opressão racial, mas magoavam-se principalmente pela esmagadora ausência de compaixão das mulheres brancas não só em circunstâncias que envolviam o abuso sexual e físico das negras como também em situações em que crianças negras eram separadas de suas mães escravas. Mais uma vez, era nessa esfera dos interesses que ambas tinham (as mulheres brancas conheciam o horror do abuso sexual e físico bem como a profundidade do apego da mãe a seus filhos) que a maioria das mulheres brancas que poderia ter se identificado por meio da empatia voltava as costas para a dor das mulheres negras.

A compreensão das experiências comuns a todas as mulheres não mediava as relações entre a maioria das senhoras brancas e as escravas negras. Embora houvesse raras exceções, ela tinha pouco impacto sobre a estrutura geral das relações entre mulheres brancas e negras. Apesar da opressão brutal das escravas negras, muitas mulheres brancas tinham medo delas. Talvez acreditassem que, mais que qualquer outra coisa, as negras queriam trocar de lugar com elas, adquirir o *status* social delas, casar-se com seus maridos. E deviam ter medo (dada a obsessão dos homens brancos pelas mulheres negras) de que, se não houvesse tabus legais e sociais proibindo as relações legalizadas, elas perderiam seu *status*.

A abolição da escravatura teve pouco impacto positivo sobre as relações entre mulheres brancas e negras. Sem a estrutura escravocrata que institucionalizava de modo fundamental as diferenças entre brancas e negras, as brancas passaram a querer ainda mais que os tabus sociais promovessem sua superioridade racial e proibissem as relações legalizadas entre as raças. A participação delas foi essencial para perpetuar os estereótipos degradantes sobre a feminilidade negra. Muitos desses estereótipos reforçavam a noção de que as negras eram lascivas, imorais, sexualmente licenciosas e carentes de inteligência. A proximidade das brancas com as negras no ambiente doméstico dava às primeiras a impressão de que conheciam realmente as segundas; havia contato direto entre elas. Embora haja pouco material publicado do começo do século XX que documente as percepções que as mulheres brancas tinham das negras e vice-versa, a segregação restringia a possibilidade de que os dois grupos desenvolvessem uma nova base de contato recíproco fora da esfera da relação entre serva e senhora. Morando em bairros segregados, negras e brancas tinham poucas oportunidades de encontrar-se num território comum e neutro.

A negra que se deslocava de seu bairro segregado para as áreas brancas e "perigosas", para trabalhar na casa de uma família branca, já não tinha um conjunto de relações familiares, por tênues que fossem, que a empregadora branca conhecesse, como ocorria na escravidão. O novo arranjo social era um contexto tão desumanizador quanto a casa de fazenda, com a única vantagem de as negras poderem voltar para casa. Nas circunstâncias sociais da escravidão, as senhoras brancas às vezes eram impelidas pelas circunstâncias, por sentimentos de carinho ou pela preocupação com seus bens a entrar no local de residência das mulheres negras e conhecer uma esfera de experiência que ia além daquela da relação entre serva e senhora. Isso não acontecia com a empregadora branca.

A segregação racial dos bairros (que era a norma na maioria das cidades e áreas rurais) significava que as negras saíam dos bairros pobres para trabalhar em lares brancos privilegiados. Era mínima, ou nula, a possibilidade de que essa circunstância promovesse e estimulasse a amizade entre os dois grupos. As brancas continuaram encarando as negras como concorrentes sexuais, ignorando as agressões e abusos sexuais das negras pelos homens brancos. Embora algumas tenham escrito emocionantes autobiografias que descrevem os laços de afeto entre elas e suas empregadas negras, as brancas em geral não conseguiam reconhecer que a intimidade e o carinho podem coexistir com a dominação. Para as brancas que consideram suas empregadas negras como "parte da família", sempre foi difícil entender que a empregada talvez entenda essa relação de maneira completamente diferente. A empregada poderá ter a permanente consciência de que nenhum grau de afeto e carinho elimina as diferenças de *status* – ou a realidade de que as brancas exercem o poder, quer de modo benevolente, quer de maneira tirânica.

Boa parte dos estudos atuais escritos por mulheres brancas sobre os relacionamentos entre empregadas negras e suas patroas brancas apresenta perspectivas que realçam os aspectos positivos, ofuscando o modo pelo qual as interações negativas nesse contexto criaram profunda desconfiança e hostilidade entre os dois grupos. As empregadas negras entrevistadas por mulheres brancas geralmente dão a impressão de que seus relacionamentos com as patroas brancas tinham muitas dimensões positivas. Declaram a versão da realidade que lhes parece a mais educada e correta, suprimindo frequentemente a verdade. E temos de lembrar mais uma vez que, também no contexto de uma situação de exploração, laços de carinho podem surgir mesmo em face da dominação (as feministas deveriam saber disso, dadas as provas de que o carinho existe em relacionamentos heterossexuais em que os homens maltratam as mulheres). Ao ouvir Susan Tucker fazer uma apresentação oral de seu livro *Telling Memories Among Southern Women: Domestic Workers Employers in the Segregated South*, me surpreendi com a disposição dela de reconhecer que, quando criança, sob os cuidados de empregadas negras, ela se lembra de tê-las ouvido várias vezes expressar sentimentos negativos sobre as mulheres brancas. Sentia-se chocada por suas expressões de raiva, inimizade e desprezo. Ambas nos lembramos de uma declaração comum das mulheres negras: "Nunca conheci uma branca de mais de 12 anos que eu fosse capaz de respeitar." A discussão contemporânea de Tucker contrasta com suas lembranças e pinta um quadro muito mais positivo. Os estudos das relações entre as mulheres negras e brancas precisam parar de enfocar somente a questão de saber se a interação entre empregadas negras e patroas brancas era "positiva". Para compreendermos as relações contemporâneas, temos de explorar o impacto desses encontros sobre a percepção global que as negras têm das brancas. Muitas negras que nunca foram empregadas receberam de suas parentes algumas ideias acerca das brancas, ideias que moldam suas expectativas e interações.

Minhas lembranças e minha consciência atual (baseadas em conversas com minha mãe, que trabalha como empregada para mulheres brancas, e nos comentários e narrativas de negras das nossas comunidades) indicam que, em contextos "seguros", as negras sublinham os aspectos negativos de trabalhar como empregadas para mulheres brancas. Expressam intensa raiva, hostilidade, amargura e inveja – e pouquíssimo afeto e carinho – mesmo quando falam positivamente. Muitas dessas mulheres reconhecem a exploração que sofrem no emprego, identificando os modos pelos quais são sujeitas a várias humilhações desnecessárias e situações degradantes. Esse reconhecimento talvez seja o traço mais saliente numa situação em que a negra também pode ter sentimentos positivos acerca de sua patroa branca (o livro *Between Women*, de Judith Rollins, faz uma discussão útil e inteligente desses relacionamentos).

Falando quer com domésticas negras, quer com negras que não trabalham fora, constato que a maioria esmagadora de suas percepções das mulheres brancas é negativa. Muitas negras que trabalharam como empregadas em lares brancos, particularmente na época em que as mulheres brancas não trabalhavam fora, entendem que as brancas mantêm uma postura egocêntrica e infantil de inocência e irresponsabilidade à custa das mulheres negras. Observa-se repetidamente que o grau com que as mulheres brancas são capazes de se afastar da realidade doméstica, das responsabilidades de cuidar das crianças e do serviço doméstico é determinado pela medida em que as negras, ou algum outro grupo subprivilegiado, estão amarradas a esse trabalho, obrigadas pelas circunstâncias econômicas a aparar as arestas, a assumir a responsabilidade.

Parece-me paradoxal que as negras frequentemente critiquem as brancas a partir de um ponto de vista não feminista, enfatizando que as brancas não eram dignas de ser postas num pedestal porque eram preguiçosas, ineptas e irresponsáveis. Algumas negras pareciam sentir uma raiva específica diante do fato de seu trabalho ser "supervisionado" por brancas que elas consideravam ineficientes e incapazes de desempenhar as próprias tarefas que coordenavam. As negras trabalhando como empregadas em lares brancos estavam numa posição semelhante à dos antropólogos culturais que buscam compreender uma cultura diferente. Do ponto de vista de quem está lá dentro, as negras aprendiam sobre os estilos de vida dos brancos. Observavam todos os detalhes dos lares brancos, do mobiliário às relações interpessoais. Anotando tudo na memória, emitiam juízos sobre a qualidade da vida que testemunhavam, comparando-a à experiência dos negros. Dentro das comunidades negras segregadas, partilhavam suas percepções do "outro" branco. Em geral, seus relatos eram mais negativos quando descreviam as mulheres brancas; eram capazes de estudá-las com muito mais regularidade que os homens brancos, que nem sempre estavam presentes. Já que o mundo branco racista representava as negras como prostitutas, as negras examinavam os atos das brancas para ver se seus costumes sexuais eram diferentes. Suas observações muitas vezes contradiziam os estereótipos. No geral, os encontros das negras com as brancas na relação entre empregadas e patroas davam às negras a convicção de que os dois grupos são radicalmente diferentes e não partilham uma linguagem comum. É esse legado de atitudes e reflexões sobre as mulheres brancas que é partilhado de geração em geração, mantendo viva a sensação de distância e separação, o sentimento de suspeita e desconfiança. Agora que as relações inter-raciais entre brancos e negros são mais comuns, as negras veem as brancas como concorrentes sexuais – independentemente da preferência sexual – e frequentemente defendem a continuidade da separação na esfera privada, apesar da proximidade nos ambientes de trabalho.

As discussões contemporâneas (acadêmicas ou pessoais) das relações entre mulheres negras e brancas raramente ocorrem em contextos de integração racial. As brancas que declaram suas impressões em escritos acadêmicos e confessionais em geral ignoram a profundidade da inimizade entre os dois grupos, ou a veem como um problema exclusivo das negras. Muitas vezes, em círculos feministas, ouvi brancas falarem sobre a hostilidade de uma determinada negra perante as mulheres brancas como se esse sentimento não tivesse suas raízes nas relações históricas e nas interações contemporâneas. Em vez de explorar as razões pelas quais essa hostilidade existe ou de lhe atribuir alguma legitimidade como reação adequada à dominação e à exploração, elas veem a mulher negra como teimosa, problemática, irracional e "louca". Até o momento em que as brancas forem capazes de confrontar seu medo e ódio das mulheres negras (e vice-versa), até conseguirmos reconhecer a história negativa que molda e informa nossas interações contemporâneas, não haverá diálogo franco e significativo entre os dois grupos. O apelo feminista contemporâneo pela irmandade feminina, o apelo das brancas radicais para que as mulheres negras e todas as mulheres de cor entrem no movimento feminista, é visto por muitas negras como mais uma expressão da negação, por parte das mulheres brancas, da realidade da dominação racista, de sua cumplicidade na exploração e opressão das mulheres negras e dos negros em geral. Embora o apelo à irmandade feminina seja frequentemente motivado por um desejo sincero de transformar o presente, expressando a vontade das brancas de criar um novo contexto de vinculação, não há a tentativa de assimilar a história ou as barreiras que podem tornar essa vinculação difícil, se não impossível. Quando as negras, reagindo ao apelo pela irmandade baseada na experiência comum, chamaram a atenção tanto para o passado de dominação racial quanto para as atuais manifestações dessa dominação na estrutura da teoria e do movimento feministas, as mulheres brancas de início resistiram a essa análise. Assumiram uma postura de inocência e negação (reação que evocava, nas mulheres negras, a lembrança de encontros negativos, da relação entre patroa e empregada). Apesar das falhas e contradições de sua análise, Adrienne Rich, no ensaio "Disloyal to Civilization: Feminism, Racism, and Gynephobia", teve atitude precursora na medida em que rompeu a muralha da negação, tratando das questões da raça e da responsabilidade pelos atos do passado. As mulheres brancas estavam até bem-dispostas a "ouvir" outra branca falar sobre o racismo, mas é sua incapacidade de ouvir as negras que impede o progresso do feminismo.

Paradoxalmente, muitas mulheres negras ativamente engajadas no movimento feminista falavam sobre o racismo na tentativa sincera de criar um movimento inclusivo que juntasse as mulheres brancas e as negras. Acreditávamos que a verdadeira irmandade feminina não surgiria sem a confrontação radical, sem que as feministas investigassem e discutissem o racismo das mulheres brancas e a reação das mulheres negras. Nosso desejo de uma irmandade digna, nascida da disposição de todas as mulheres de encarar nossa história, foi muitas vezes ignorado. A maioria das brancas desconsiderava nossa atitude, julgando-a "muito raivosa", e se recusavam a refletir criticamente sobre as questões levantadas. Quando as brancas ativas no movimento feminista por fim se dispuseram a reconhecer o racismo, a responsabilidade pelos atos do passado e seu impacto sobre as relações entre mulheres brancas e mulheres de cor, muitas negras estavam arrasadas e esgotadas. Sentimo-nos traídas; as brancas não haviam cumprido a promessa da irmandade. Essa sensação de traição permanece e é intensificada pela aparente abdicação do interesse pela formação da irmandade feminina, embora as brancas agora demonstrem interesse pelas questões raciais. Parece, às vezes, que as brancas que trabalham na academia tomaram posse das discussões sobre raça e racismo, mas abandonaram o esforço para construir um espaço para a irmandade feminina, um espaço onde possam examinar e modificar suas atitudes e comportamentos perante as mulheres negras e todas as mulheres de cor.

Com a institucionalização e a profissionalização crescentes do trabalho feminista voltado para a construção teórica e a disseminação do conhecimento feminista, as mulheres brancas assumiram posições de poder que as habilitam a reproduzir o paradigma da serva-senhora num contexto radicalmente diferente. Agora as mulheres negras são colocadas na posição daquelas que atendem ao desejo das brancas de saber mais sobre a raça e o racismo, de "dominar" o tema. Curiosamente, a maioria das brancas que escrevem teorias feministas focadas na "diferença" e na "diversidade" não tomam a vida, o trabalho e as experiências das mulheres brancas como temas de sua análise da "raça", mas enfocam, ao contrário, as mulheres negras ou mulheres de cor. Mulheres brancas que ainda têm de entender criticamente o sentido do "ser branca" em suas vidas, a representação do ser branco em sua literatura, a supremacia branca que determina seu *status* social põem-se agora a explicar a negritude sem questionar criticamente se sua obra nasce de uma postura antirracista consciente. Aproveitando as obras de mulheres negras, obras que no passado eram consideradas irrelevantes, elas agora reproduzem os paradigmas da serva-senhora em sua atividade acadêmica. Armadas de sua nova consciência da questão da raça, da disposição de confessar que sua obra nasce de uma perspectiva branca (geralmente sem explicar o que isso significa), elas esquecem que o próprio estudo da raça e do racismo nasceu do esforço político concreto de forjar laços significativos entre mulheres de diferentes raças e classes sociais. Muitas vezes, essa luta é completamente ignorada. Contentes com a aparência de maior receptividade (a produção de textos em que mulheres brancas discutem a questão da raça é citada como prova de uma radical mudança de direção), as brancas ignoram a relativa ausência das vozes de mulheres negras, quer na construção de uma nova teoria feminista, quer nas reuniões e encontros feministas.

Ao conversar com grupos de mulheres para saber se elas pensavam que o movimento feminista tinha tido impacto transformador nas relações entre brancas e negras, ouvi respostas radicalmente diferentes. A maioria das brancas sentem que houve mudança, que agora têm mais consciência da raça e do racismo e estão mais dispostas a assumir sua responsabilidade e dedicar-se ao trabalho antirracista. As mulheres negras e de cor estão convictas, por outro lado, de que pouca coisa mudou; apesar de as brancas terem passado a enfocar a raça, a dominação racista ainda é um fator nos contatos pessoais. Sentem que a maioria das mulheres brancas ainda afirmam seu poder, mesmo quando tratam de questões de raça. Nas palavras de uma negra: "Odeio ser tratada como merda por mulheres brancas que estão ocupadas em ganhar reconhecimento acadêmico, promoções, mais dinheiro etc. fazendo um trabalho 'maravilhoso' sobre o tema da raça." Algumas negras com quem conversei afirmaram que o medo de que seus recursos fossem confiscados pelas brancas as levava a evitar participar do movimento feminista.

O medo e a raiva desse confisco, bem como a preocupação de não sermos cúmplices da reprodução da relação serva-senhora, levaram as negras a retirar-se dos ambientes feministas onde temos de ter muito contato com mulheres brancas. A retirada piora o problema: torna-nos cúmplices de uma maneira diferente. Se um periódico está preparando um número especial sobre Estudos da Mulher Negra e somente brancas apresentam artigos, as negras não podem contestar eficazmente a dominação hegemônica que as brancas exercem sobre a teoria feminista. Esse é apenas um exemplo entre muitos. Sem que nossas vozes apareçam em trabalhos escritos e apresentações orais, nossas preocupações não serão formuladas. Onde estão nossos livros sobre a raça e o feminismo e outros aspectos da teoria feminista, livros que ofereçam novas abordagens e um novo entendimento? O que fazemos para promover o desenvolvimento de uma teoria e uma prática feministas mais inclusivas? Que papel queremos para nós no mapeamento das direções futuras do movimento feminista? Bater em retirada não é a solução.

Embora praticamente todas as negras ativas em qualquer aspecto do movimento feminista possam apresentar uma longa lista de histórias de terror que documentam a insensibilidade e a agressividade racistas de determinadas mulheres brancas, somos testemunhas também daqueles encontros que foram positivos, que enriquecem e não diminuem. Admito que esses encontros são raros. Tendem a envolver mulheres brancas que não estão numa posição em que possam exercer o poder (e talvez seja por isso que esses encontros sejam vistos como uma exceção e não como sinais positivos que indicam um potencial geral de crescimento e mudança, de maior união). Talvez tenhamos de examinar o grau com que as mulheres brancas (e todas as mulheres) que assumem posições de poder se apoiam nos paradigmas convencionais de dominação para reforçar e manter esse poder.

Conversando com mulheres negras e de cor, eu quis saber quais fatores distinguem as relações que temos com aquelas feministas brancas que não consideramos exploradoras ou opressoras. Uma resposta comum foi que essas relações têm dois fatores importantes: a confrontação sincera e o diálogo a respeito da raça; e a interação recíproca. Dentro do paradigma da serva-senhora, geralmente são as brancas que querem receber algo das negras, mesmo que esse algo seja um conhecimento sobre o racismo. Quando perguntei a brancas que têm amizade e relações profissionais positivas com negras em ambientes feministas quais condições permitem a reciprocidade, elas enfatizaram que não tiveram de recorrer às mulheres negras para obrigá-las a confrontar seu racismo. De algum modo, o ato de assumirem a responsabilidade por examinar suas próprias reações à questão da raça foi uma precondição para entabular relações em pé de igualdade. Essas mulheres sentem que se aproximam das mulheres de cor levando consigo não culpa, vergonha e medo, mas um conhecimento sobre o racismo. Uma mulher branca me disse que parte do princípio de aceitar e reconhecer que "os brancos sempre têm pressupostos racistas com que têm de lidar". A prontidão em lidar com esses pressupostos certamente facilita a formação de laços com mulheres não brancas. Essa pessoa afirma que o grau em que uma mulher branca é capaz de aceitar a verdade da opressão racista – da cumplicidade das mulheres brancas, dos privilégios que elas recebem numa estrutura racista – determina a medida com que é capaz de ter empatia com mulheres de cor. Nas minhas conversas, constatei que as feministas brancas de origem pobre frequentemente sentiam que sua compreensão das diferenças de classe as ajudava a ouvir, sem se sentir ameaçadas, as mulheres de cor falarem sobre o impacto da raça e da dominação. Pessoalmente, percebo que muitas das minhas amizades e laços feministas mais profundos se formam com mulheres brancas que nasceram na classe trabalhadora ou pertencem à classe trabalhadora e compreendem o impacto da pobreza e da privação.

Eu disse a um grupo de colegas brancas – todas professoras de inglês – que ia escrever este ensaio e elas enfatizaram o medo que muitas mulheres brancas privilegiadas têm das negras. Todos nós nos lembramos dos comentários francos de Lillian Hellman sobre sua relação com a empregada negra que trabalhou para ela durante muitos anos. Hellman sentia que essa mulher realmente exercia um poder tremendo sobre ela e admitiu que isso a deixou com medo de todas as mulheres negras. Comentamos que muitas brancas têm medo de ser desmascaradas pelas mulheres negras. Uma branca de origem trabalhadora observou que as empregadas negras testemunhavam a diferença entre as palavras e os atos das brancas, enxergavam suas contradições e insuficiências. Talvez as gerações contemporâneas de mulheres brancas que não têm nem jamais vão ter empregadas negras tenham herdado de suas ancestrais o medo de que as negras tenham o poder de ver o que está por trás de seus disfarces, ver as partes delas que elas não gostariam que ninguém visse. Embora a maioria das brancas presentes nessa discussão não tenham nenhuma amiga íntima negra, elas acolheriam a oportunidade de um contato mais íntimo. Muitas vezes, as negras não correspondem às ofertas de amizade das brancas por medo de serem traídas, de que em algum momento imprevisível a branca resolva afirmar seu poder. Esse medo da traição está ligado ao medo que as brancas têm de serem desmascaradas; está claro que precisamos de um trabalho psicanalítico feminista que examine esses sentimentos e as dinâmicas de relacionamento que eles produzem.

Muitas vezes, o medo que as mulheres negras têm da traição não está presente quando uma determinada mulher branca mostra, por seus atos, que está comprometida com o trabalho antirracista. Certa vez, por exemplo, me candidatei a um emprego no programa de Estudos da Mulher numa faculdade de mulheres brancas. O comitê que avaliou minha candidatura era todo branco. Durante o processo de avaliação, uma das revisoras achou que o racismo estava moldando a natureza das discussões e interveio. Um dos gestos de intervenção foi o de contatar a encarregada das questões de ação afirmativa, uma negra, para que uma pessoa não branca participasse da discussão. Seu compromisso com o processo feminista e com o trabalho antirracista informou suas ações. Ela agiu embora não tivesse, pessoalmente, nada a ganhar com isso. (Vamos falar a verdade: o oportunismo impediu muitas feministas acadêmicas de ir contra o *status quo* e assumir uma opinião.) As ações dela confirmaram para mim o poder da solidariedade e da irmandade femininas. Ela não procurou garantir a própria segurança. Para desafiar, teve de se separar do poder e do privilégio do grupo. Uma das ideias mais reveladoras que partilhou foi sua estupefação inicial diante do fato de feministas brancas serem tão flagrantemente racistas, supondo que todas no grupo partilhavam o vínculo comum de "serem brancas", a aceitação comum de que, num grupo onde só há brancos, não há problema em falar dos negros de maneira racista e estereotipada. Quando o processo terminou (me ofereceram o emprego), conversamos sobre a sensação que ela teve de que o que tinha visto era o medo das mulheres brancas de que, na presença do poder das mulheres negras, sua autoridade seria diminuída. Falamos sobre como os sentimentos permitem que muitas brancas se sintam mais à vontade com negras que pareçam vitimizadas ou necessitadas. Enfocamos os modos pelos quais as feministas brancas às vezes tratam as mulheres negras de modo paternalista, dizendo que é compreensível que não sejamos "radicais", que nossos trabalhos sobre as questões de gênero não tenham um ponto de vista feminista. Essa atitude condescendente separa ainda mais as negras e as brancas. É uma expressão de racismo.

Agora que muitas mulheres brancas engajadas no pensamento e na prática feministas já não negam o impacto da raça na construção da identidade sexual, os aspectos opressivos da dominação racial e a cumplicidade das mulheres brancas, é hora de ir em frente e explorar os medos específicos que as impedem de criar laços significativos com as mulheres negras. É hora de criarmos novos modelos de interação que nos levem além do contato entre serva e senhora, modos de ser que promovam o respeito e a reconciliação. Ao mesmo tempo, as mulheres negras têm de explorar seu apego coletivo à raiva e à hostilidade contra as brancas. Talvez tenhamos necessidade de espaços onde parte dessa raiva e hostilidade reprimidas possa ser expressada abertamente, para que possamos identificar suas raízes, compreendê-las e investigar possibilidades de transformar a raiva interiorizada numa energia construtiva e autoafirmativa que possamos usar de modo eficaz para resistir à dominação das mulheres brancas e forjar laços significativos com aliadas brancas. Só quando nossa visão estiver clara é que seremos capazes de distinguir os gestos sinceros de solidariedade daqueles atos cuja raiz é a má-fé. É bem possível que parte da fúria das mulheres negras contra as brancas seja uma máscara para o sofrimento e a dor, a angústia decorrente da enorme dificuldade de fazer contato, de imprimir nossa subjetividade sobre a consciência delas. Abrindo mão de parte da mágoa, poderemos criar um espaço para o contato corajoso, sem medo nem acusações.

Se negras e brancas continuarem expressando medo e raiva sem se comprometer a ir além dessas emoções para explorar novas oportunidades de contato, nossos esforços para construir um movimento feminista inclusivo fracassarão. Muita coisa depende da força do nosso compromisso com o processo e o movimento feministas. Houve tantas ocasiões feministas em que afloraram as diferenças e, com elas, expressões de dor, fúria e hostilidade! Em vez de lidarmos com essas emoções e continuarmos nossa sondagem intelectual em busca de intuições e estratégias de confrontação, todas as vias de discussão se bloqueiam e nenhum diálogo ocorre. Confio em que as mulheres têm capacidade (desenvolvida em relações interpessoais em que confrontamos as diferenças de gênero) para criar um espaço produtivo para o diálogo crítico de dissidência ao mesmo tempo em que expressam emoções intensas. Precisamos investigar por que de repente perdemos a capacidade de exercer a habilidade e o carinho quando confrontamos umas às outras de um lado e do outro das diferenças de raça e de classe. Se desistimos tão facilmente umas das outras, isso talvez se deva ao fato de as mulheres terem interiorizado o pressuposto racista de que não poderemos jamais vencer a barreira que separa as mulheres brancas das negras. Se isso é verdade, somos cúmplices desse mal. Para combater essa cumplicidade, temos de produzir mais trabalhos escritos e testemunhos orais que documentem as maneiras pelas quais as barreiras são derrubadas, as coalizões se formam e a solidariedade é partilhada. São esses dados que vão renovar nossa esperança e proporcionar estratégias e direções para o movimento feminista do futuro.

A produção desses trabalhos não é tarefa exclusiva nem das mulheres brancas nem das negras; é uma obra coletiva. A presença do racismo em contextos feministas não exime as negras nem as mulheres de cor de participar ativamente do esforço para encontrar maneiras de comunicar, de trocar ideias, de estabelecer debates ferozes. Para que o movimento feminista revitalizado tenha um impacto transformador sobre as mulheres, a criação de um contexto em que possamos entabular diálogos críticos e abertos umas com as outras, onde possamos debater e discutir sem medo de entrar em colapso emocional, onde possamos ouvir e conhecer umas às outras nas diferenças e complexidades das nossas experiências – a criação de um tal contexto é essencial. O movimento feminista coletivo não poderá avançar se esse passo não for dado. Quando criarmos esse espaço feminino onde pudermos valorizar a diferença e a complexidade, a irmandade feminina baseada na solidariedade política vai passar a existir.

8

PENSAMENTO FEMINISTA

NA SALA DE AULA AGORA

Dando aula de Estudos da Mulher há mais de dez anos, assisti a mudanças empolgantes. Neste exato momento, professores e alunos enfrentam novos desafios na sala de aula feminista. Nossos alunos já não são necessariamente pré-comprometidos com a política feminista ou interessados nesse assunto (o que significa que já não estamos apenas partilhando a "boa-nova" com os já convertidos). Já não são predominantemente brancos ou mulheres. Já não são unicamente cidadãos norte-americanos. Quando era uma jovem aluna de pós-graduação e dava cursos de feminismo, eu lecionava no contexto dos Estudos Negros. Naquela época, os programas de Estudos da Mulher não estavam preparados para aceitar um enfoque na raça e no gênero. Todo conteúdo que enfocasse especificamente as mulheres negras era visto como "suspeito" e ninguém usava a expressão abrangente "mulheres de cor". Naquele tempo, quase todos os alunos de meus cursos feministas eram negros. Tinham um ceticismo fundamental acerca da importância do pensamento e do movimento feministas para qualquer discussão sobre raça e racismo, para qualquer análise da experiência negra e da luta pela libertação dos negros. Com o tempo, esse ceticismo se aprofundou. Os alunos negros, mulheres e homens, questionam continuamente esse assunto. Quer na sala de aula, quer em minhas palestras públicas, perguntam-me continuamente se o interesse negro na luta pelo fim do racismo não exclui o envolvimento no movimento feminista. "Você não acha que as mulheres negras, como raça, são mais oprimidas que as mulheres em geral?" "O movimento feminista não é direcionado, na verdade, para as mulheres brancas?" "As mulheres negras não foram sempre liberadas?" Essas perguntas tendem a ser a norma. O esforço para responder a perguntas como essas produziu mudanças em meu jeito de pensar e escrever. Como professora, teórica e ativista feminista, sou profundamente comprometida com a luta pela libertação negra e quero desempenhar papel de destaque na reformulação da política teórica desse movimento para que a questão do gênero seja levada em conta e a luta feminista pelo fim do sexismo seja considerada um elemento necessário do nosso programa revolucionário.

O comprometimento com a política feminista e com a luta pela libertação negra significa que tenho de ser capaz de confrontar as questões de raça e gênero dentro de um contexto negro, proporcionando respostas significativas para perguntas problemáticas e meios acessíveis e apropriados para comunicar essas respostas. A maioria das salas de aula e auditórios feministas em que falo hoje em dia não é frequentada somente por negros. Embora o progressismo político clame pela "diversidade", quase não existe uma compreensão realista de como as estudiosas feministas têm de mudar sua maneira de ver, falar e pensar para que possamos nos comunicar com os vários públicos, os "diferentes" sujeitos que podem estar presentes num determinado lugar. Quantas estudiosas feministas são capazes de reagir de modo eficaz quando estão diante de um público racial e etnicamente diversificado que talvez não partilhe a mesma origem de classe, a mesma língua, o mesmo nível de compreensão, a mesma habilidade de comunicação e as mesmas preocupações? Como professora universitária negra que dá aula de Estudos da Mulher em salas de aula feministas, essas questões se colocam para mim diariamente. O fato de ser professora de inglês, de estudos afro-americanos e de Estudos da Mulher, bem como de outras disciplinas, significa que geralmente dou meus cursos a partir de um ponto de vista feminista, mas esses cursos não são arrolados especificamente como cursos de Estudos da Mulher. Acontece de os alunos se matricularem num curso sobre escritoras negras, por exemplo, sem saber que o material será abordado de uma perspectiva feminista. É por isso que faço distinção entre a sala de aula feminista e um curso de Estudos da Mulher.

Numa sala de aula feminista, especialmente num curso de Estudos da Mulher, a aluna ou o aluno negros que não têm formação anterior em estudos feministas geralmente se veem numa classe predominantemente branca (frequentemente composta por uma maioria de feministas radicais brancas, jovens e sem papas na língua, muitas das quais vinculam essa política à questão dos direitos dos homossexuais). A falta de familiaridade com os temas em discussão pode levar os alunos negros a se sentir em desvantagem não só academicamente, mas também culturalmente (talvez não estejam acostumados a discutir práticas sexuais em público). Se uma aluna negra admite que não conhece os trabalhos de Audre Lorde e o resto da classe solta um grito de surpresa, como se isso fosse impensável e inadmissível, esse grito evoca a sensação de que o feminismo, na verdade, é uma seita fechada cujos membros são geralmente brancos. Esses alunos negros podem se sentir isolados e alienados na classe. Além disso, seu ceticismo acerca da importância do feminismo pode ser encarado com desprezo pelos colegas. Seus esforços incansáveis para relacionar todas as discussões de gênero com a questão da raça podem ser vistos pelos alunos brancos como algo que desvia a atenção dos interesses feministas e, portanto, deve ser contestado. De repente a sala de aula feminista já não é aquele porto seguro que muitos alunos de Estudos da Mulher imaginavam que fosse; é, ao contrário, um lugar de conflito, tensões e, às vezes, permanente hostilidade. Para nos confrontarmos mutuamente de um lado e do outro das nossas diferenças, temos de mudar de ideia acerca de como aprendemos; em vez de ter medo do conflito, temos de encontrar meios de usá-lo como catalisador para uma nova maneira de pensar, para o crescimento. Os alunos negros frequentemente introduzem nos estudos feministas essa noção positiva de desafio, de investigação rigorosa.

As professoras (brancas em sua maioria) que têm dificuldade para lidar com reações diversificadas podem se sentir tão ameaçadas quanto os alunos pelas perspectivas dos alunos negros. Infelizmente, estes frequentemente saem da aula achando que obtiveram a confirmação concreta de que o feminismo não aborda nenhuma questão a partir de um ponto de vista que inclua a raça nem se refere de maneira significativa à experiência negra. As professoras negras comprometidas com a política feminista podem aprovar a presença de um corpo discente diversificado em suas salas de aula, embora reconheçam que é difícil ensinar Estudos da Mulher a alunos negros que abordam o assunto com sérias dúvidas sobre sua pertinência. Nos anos recentes, tenho dado aula a um número maior de alunos negros homens, muitos dos quais não percebem que o sexismo afeta seu modo de falar e interagir num contexto de grupo. Eles podem enfrentar desafios a certos padrões de comportamento que, antes disso, jamais consideraram importante pôr em questão. No fim de um semestre, Mark, aluno negro de meu curso de "Leitura de Ficção" no currículo de inglês, partilhou que, embora tivéssemos enfocado a literatura afro-americana, sua mais profunda sensação de "despertar" veio de aprender sobre questões de gênero, sobre os pontos de vista feministas.

Quando dou cursos como os de "Escritoras Negras" ou "Literatura do Terceiro Mundo", geralmente tenho mais alunos negros que naqueles cursos especificamente enquadrados nos Estudos da Mulher. Coordenei um seminário de Estudos da Mulher no lugar de uma professora que estava de licença. Percebi tarde demais que o seminário fazia parte do curso de graduação em Estudos da Mulher e, assim, provavelmente só teria alunos brancos. Descrito como um curso que abordaria a teoria feminista a partir de um ponto de vista que engloba discussões de raça, gênero, classe social e prática sexual, atraiu em sua primeira aula mais alunos negros que qualquer outro curso de Estudos da Mulher que já dei. Conversando individualmente com os alunos negros interessados no curso, constatei que a maioria não tinha nenhuma ou quase nenhuma experiência em estudos feministas. Só um aluno e uma aluna se dispuseram a fazer o curso. Aos outros, sugeri que examinassem o material de leitura para ver se estavam interessados nele, se era acessível. Decidiram por si próprios que não estavam preparados para o seminário e propuseram avidamente outra alternativa: que eu lhes deixasse explorar a teoria feminista – particularmente as obras de mulheres negras – num curso de leitura particular com dez alunas negras.

Quando nos reunimos pela primeira vez, as alunas exprimiram a sensação de que estavam transgredindo fronteiras ao decidir explorar questões feministas. Defensora militante da política feminista antes de fazer o curso, Lori (uma das poucas alunas que tinham alguma formação em Estudos da Mulher) disse ao grupo que era difícil partilhar com outros alunos negros, principalmente com os homens, seu interesse pelo feminismo: "Vejo como as coisas são quando falo com um negro que não quer ter nada a ver com o feminismo e me diz que ninguém quer ouvir falar disso." Desafiando-as a explorar o que faz esse risco valer a pena, ouvi respostas variadas. Diversas alunas disseram ter testemunhado o abuso de homens contra mulheres em sua família ou comunidade e viam a luta pelo fim do sexismo como o único modo organizado de provocar mudanças. Maelinda, que tem um pensamento afrocêntrico e planeja passar um ano em Zimbábue, disse ao grupo que considera errôneo que as negras pensem que podemos nos dar ao luxo de adotar ou não o feminismo, especialmente se ele é rejeitado por causa da reação negativa dos colegas: "Acho que, na verdade, nós não temos essa escolha. É como dizer 'não quero ter consciência de raça' porque o resto da sociedade não quer que você tenha. Vamos cair na real."

Durante todo o semestre, houve mais risos em nossas discussões – além de mais preocupação com os efeitos colaterais negativos da exploração das preocupações feministas – que em qualquer outro curso feminista que já dei. Houve também a tentativa contínua de relacionar o material de leitura com as realidades concretas que elas enfrentam na qualidade de negras jovens. Todas as alunas eram heterossexuais e se preocupavam particularmente com a possibilidade de que a decisão de apoiar a política feminista afetasse seus relacionamentos com homens negros. Preocupavam-se com o modo com que o feminismo poderia alterar sua relação com pais, namorados, amigos. Quase todas concordaram que os homens seus conhecidos que pensavam em assuntos feministas ou eram *gays* ou estavam envolvidos com mulheres que os "empurravam". Brett, namorado de uma das mulheres, estava fazendo outra disciplina comigo. Visto que tinha sido apontado pelas negras do grupo como um dos negros que se preocupavam com as questões de gênero, falei com ele especificamente sobre o feminismo. Respondendo, ele chamou a atenção para as razões pelas quais é difícil para os homens negros lidar com o sexismo. A principal é que eles estão acostumados a pensar sobre si mesmos dentro do quadro do racismo, de serem explorados e oprimidos. Falando sobre seus esforços para desenvolver uma consciência feminista, ele ressaltou as limitações: "Tentei entender, mas no fim das contas sou homem. Às vezes não entendo e isso me machuca, pois me considero a síntese de tudo o que é oprimido." Visto ser difícil para muitos negros dar voz aos modos como são machucados e feridos pelo racismo, também é compreensível que eles tenham dificuldade para "assumir" seu sexismo, sua responsabilidade. Cada vez mais, os homens negros – particularmente os jovens – estão enfrentando o desafio de ousar criticar as questões de gênero, de se informar, de resistir e se opor de boa vontade ao sexismo. Nos *campi* universitários, os estudantes negros do sexo masculino são cada vez mais compelidos pelas colegas negras a pensar sobre o sexismo. Há pouco tempo dei uma palestra em que Pat, um negro jovem, estava usando um broche que dizia: "O sexismo é uma doença dos homens: Vamos curá-la nós mesmos." Pat era cantor de *rap* e me deu a fita de uma música contra o estupro.

Na nossa última sessão particular de leitura, perguntei às alunas negras se elas se sentiam fortalecidas pelo que havíamos lido, se sua consciência feminista havia crescido, se estavam mais conscientes. Várias comentaram que o material de leitura lhes deu a entender que as negras ativas no movimento feminista "têm mais inimigos" que os outros grupos e são atacadas com mais frequência. Na própria vida, sentiam que era difícil falar e partilhar o pensamento feminista. Lori perguntou: "O que aconteceria com uma feminista negra se ela falasse com um tom tão militante quanto o de um homem negro?" E ela mesma respondeu: "As pessoas enlouqueceriam e começariam a se revoltar." Todas nós rimos. Garanti-lhes que eu mesma falo em tom militante sobre o feminismo num contexto negro e que, embora frequentemente haja protestos, também há cada vez mais afirmação.

Todas no grupo expressaram o medo de que o compromisso com a política feminista as deixasse isoladas. Carolyn, a aluna que organizou as sessões particulares de leitura e escolheu boa parte das obras a serem estudadas, já se sentia mais solitária e atacada: "Vemos o isolamento que as feministas negras sentem quando falamos e nos perguntamos: 'Você é forte o suficiente para lidar com o isolamento, a crítica?' Você sabe que é isso que vai receber dos homens e até de algumas mulheres." No geral, o sentimento do grupo era que estudar obras feministas, encarar a análise do gênero desde um ponto de vista feminista como meio para a compreensão da experiência negra, era necessário para o desenvolvimento coletivo de uma consciência negra, para o futuro da luta pela libertação dos negros. Rebecca, mulher do Sul, sentia que sua criação lhe facilitava a aceitação da noção de igualdade entre os sexos no local de trabalho, mas dificultava a aplicação da mesma ideia aos relacionamentos pessoais. Individualmente, todas falaram enfaticamente sobre o exame crítico de suas posturas e a transformação de sua consciência como um primeiro estágio no processo de politização feminista. Carolyn acrescentou a esse comentário sua convicção de que, "quando você aprende a se examinar criticamente, vê tudo ao seu redor com um novo olhar".

O ensaio "Eye to Eye", de Audre Lorde, foi uma das primeiríssimas leituras da lista. Foi a obra da qual todas se lembraram quando falamos sobre o quanto a solidariedade feminista é importante para as negras. Haviam surgido tensões no grupo entre as alunas que sentiam que certas pessoas viriam à aula e "falariam de feminismo", mas não atuariam conforme suas crenças em outros ambientes. Fez-se silêncio quando Tanya lembrou o grupo da importância da sinceridade, de cada qual encarar a si mesma. Todas concordaram com Carolyn quando esta disse que as negras que "se põem de pé", que lidam com o sexismo e o racismo, desenvolvem importantes estratégias de sobrevivência e resistência, estratégias que precisam ser partilhadas com as comunidades negras, especialmente porque (como elas disseram) a negra que passa por tudo isso e se descobre "tem nas mãos a chave da liberação".

9

ESTUDOS FEMINISTAS

ACADÊMICAS NEGRAS

Mais de vinte anos se passaram desde que escrevi meu primeiro livro feminista, *Ain't I a Woman: Black Women and Feminism*. Como muitas meninas precoces criadas numa casa dominada pelos homens, compreendi com pouca idade o significado da desigualdade dos gêneros. Nossa vida cotidiana era repleta de dramas patriarcais – o uso de coerção, punição violenta e assédio verbal para manter a dominação masculina. Ainda pequenas, compreendíamos que nosso pai era mais importante que nossa mãe porque era homem. Esse conhecimento era reforçado pela realidade de que qualquer decisão tomada por nossa mãe podia ser revertida pela autoridade do nosso pai. Nascidas na época da segregação racial, nós morávamos num bairro exclusivamente negro, íamos a escolas negras e frequentávamos uma igreja dos negros. Em todas essas instituições, os homens negros tinham mais poder e autoridade que as mulheres negras. Foi só quando entrei na faculdade que aprendi que os homens negros teriam sido "castrados", que o principal trauma da escravidão era o de ter privado os homens negros do direito aos privilégios e poderes masculinos, de tê-los impedido de atualizar plenamente a "masculinidade". A ideia de um homem negro castrado e humilde, que seguia os brancos como um cachorrinho, era para mim uma fantasia dos brancos, da imaginação racista. No mundo real onde cresci, eu tinha visto homens negros ocupando as posições de autoridade patriarcal, exercendo formas de poder masculino e apoiando o sexismo institucionalizado.

Dada essa realidade da minha experiência, quando estudei numa universidade predominantemente branca, fiquei chocada ao ler trabalhos acadêmicos de várias disciplinas (como a sociologia e a psicologia) sobre a vida dos negros, escritos desde um ponto de vista crítico que partia do princípio de que nenhuma distinção de gênero caracterizava as relações sociais entre os negros. Engajando-me no nascente movimento feminista quando era estudante de graduação, fiz os cursos de Estudos da Mulher assim que passaram a ser oferecidos. Mas também aí fui surpreendida pela tremenda ignorância sobre a experiência negra. Perturbei-me pelo fato de as professoras e alunas brancas ignorarem as diferenças de gênero na vida dos negros – de falarem sobre a condição e a experiência das "mulheres" quando estavam se referindo somente às mulheres brancas. Minha surpresa se mudou em raiva. Meus esforços foram ignorados quando tentei partilhar informação e conhecimento sobre como, apesar do racismo, as relações de gênero entre os negros eram construídas de forma a manter a autoridade dos homens mesmo que eles não espelhassem os paradigmas brancos, ou sobre como a identidade e o *status* das mulheres brancas eram diferentes dos das mulheres negras.

Em busca de material acadêmico para documentar o que eu sabia por experiência vivida, fiquei perplexa diante da completa ausência de qualquer enfoque das diferenças de gênero na vida dos negros; também me espantou o pressuposto tácito de que, pelo fato de muitas mulheres negras trabalharem fora de casa, entre os negros os papéis sexuais eram invertidos. Os acadêmicos geralmente falavam da experiência negra quando na verdade estavam se referindo somente à experiência dos homens negros. Significativamente, descobri que, quando se falava das "mulheres", a experiência das brancas era universalizada como representação da experiência de todo o sexo feminino; e que, quando se mencionavam os "negros", o ponto de referência eram os negros do sexo masculino. Frustrada, comecei a questionar os modos pelos quais os preconceitos racistas e sexistas moldavam e informavam toda a produção acadêmica que tratava da experiência negra e da experiência feminina. Estava claro que esses preconceitos haviam criado uma circunstância onde havia pouca ou nenhuma informação sobre as experiências características das mulheres negras. Foi essa lacuna crítica que me motivou a pesquisar e escrever *Ain't I a Woman*. O livro foi publicado anos depois, quando as editoras de livros feministas aceitaram que a "raça" era tema adequado e vendável dentro do campo dos estudos feministas. Essa aceitação só ocorreu quando as mulheres brancas começaram a manifestar interesse por questões de raça e gênero.

Quando o movimento feminista contemporâneo começou, os textos e estudos feministas de autoria de mulheres negras eram pioneiros. Os escritos de negras como Cellestine Ware, Toni Cade Bambara, Michele Wallace, Barbara Smith e Angela Davis, para citar apenas algumas, buscavam todos formular, definir e dialogar com as omissões gritantes nos trabalhos feministas, a obliteração da presença feminina negra. Nesses primeiros anos, as mulheres brancas estimulavam zelosamente o crescimento e o desenvolvimento de estudos feministas que tratassem especificamente de sua realidade, que recuperassem a história enterrada das mulheres brancas e provas documentais que demonstrassem as mil maneiras pelas quais as diferenças de gênero são socialmente construídas, a institucionalização da desigualdade. Mas não havia, ao mesmo tempo, um zelo coletivo pela criação de um corpo de estudos feministas que tratasse das realidades específicas das mulheres negras. Ativistas, acadêmicas e escritoras negras encontravam-se repetidamente isoladas dentro do movimento feminista e frequentemente eram alvo de ataques de mulheres brancas desorientadas que se sentiam ameaçadas por todas as tentativas de desconstruir a categoria "mulher" ou introduzir um discurso racial dentro dos estudos feministas. Naquela época, eu imaginava que minha obra e a de outras mulheres negras serviriam de catalisador para promover o maior engajamento dos negros, e com certeza das negras, na produção de estudos feministas. Mas isso não aconteceu. A maioria dos negros e negras, além de muitas mulheres brancas, desconfiavam das negras comprometidas com a política feminista.

 O discurso negro sobre o feminismo se viu muitas vezes preso em debates infindáveis sobre as negras deverem ou não se envolver com o movimento "feminista branco". O que vinha primeiro, nossa feminilidade ou nossa negritude? As poucas acadêmicas negras que buscavam fazer intervenções críticas no desenvolvimento da teoria feminista eram obrigadas, antes de mais nada, a "provar" para as feministas brancas que tínhamos razão ao chamar a atenção para os preconceitos racistas que distorciam os estudos acadêmicos feministas, que não levavam em conta as realidades de mulheres que nem eram brancas nem pertenciam às classes privilegiadas. Embora essa estratégia fosse necessária para que fôssemos ouvidas, por causa dela nós não concentrávamos nossa energia em criar um clima em que pudéssemos enfocar intensamente a criação de uma produção acadêmica que examinasse a experiência negra desde um ponto de vista feminista. Concentrando tanta atenção no racismo dentro do movimento feminista, ou em provar para o público negro que um sistema de desigualdade entre os sexos permeava a vida dos negros, nem sempre voltávamos nossa energia para convidar outros negros a encarar o pensamento feminista como um ponto de vista capaz de elucidar e aumentar nossa compreensão intelectual da experiência negra. Parecia que as negras ativas na política feminista estavam presas entre a cruz e a caldeirinha. A grande maioria das feministas brancas não via com bons olhos nosso questionamento dos paradigmas feministas que elas buscavam institucionalizar; e, por outro lado, muitos negros simplesmente viam nosso envolvimento com a política feminista como um gesto de traição e desconsideravam nosso trabalho.

Apesar do racismo que confrontávamos nos círculos feministas, as negras que abraçaram o pensamento e a prática do feminismo permaneceram comprometidas e engajadas porque experimentavam novas formas de aperfeiçoamento pessoal. Compreendíamos naquela época e compreendemos agora o quanto a crítica do sexismo e o esforço organizado para afirmar a política feminista nas comunidades negras podiam ter efeito libertador não só para as mulheres *como também* para os homens. Pensadoras e escritoras negras como Michele Wallace e Ntozake Shange, que de início receberam a aprovação de um imenso público negro ao destaque que suas obras davam ao sexismo e às diferenças entre os sexos na vida dos negros, de repente se viram diante de um público negro hostil que não queria dialogar. Muitas escritoras negras, diante da reação do público negro às suas obras, tiveram medo de que o engajamento com o pensamento feminista as separasse para sempre das comunidades negras. Reagindo à ideia de que as negras deveriam se envolver no movimento feminista, muitos negros insistiam em que nós já éramos "livres", em que o sinal da nossa liberdade era que trabalhávamos fora. É claro que essa linha de pensamento ignora por completo as questões do sexismo e da dominação masculina. Uma vez que a retórica vigente na época insistia na completa "vitimização" dos homens negros dentro do patriarcado da supremacia branca, poucos negros estavam dispostos a abraçar aquela dimensão do pensamento feminista que insistia em que o sexismo e o patriarcado institucionalizado realmente forneciam formas de poder aos homens negros, formas de poder que, embora relativas, permaneciam intactas apesar da opressão racista. Nessa atmosfera cultural, as negras interessadas em criar teorias e estudos acadêmicos feministas voltaram sabiamente sua atenção para a turma progressista, composta inclusive por mulheres brancas, que estava disposta a questionar criticamente as questões de gênero na vida negra a partir de um ponto de vista feminista.

Significativamente, à medida que o movimento feminista progrediu, as mulheres negras e de cor que ousaram desafiar a universalização da categoria "mulher" criaram uma revolução nos estudos acadêmicos feministas. Muitas brancas que de início haviam resistido a repensar o modo com que as acadêmicas feministas falavam sobre a condição da mulher passaram a aceitar as críticas e a criar uma atmosfera crítica em que pudéssemos falar sobre os gêneros de maneira mais complexa e onde pudéssemos reconhecer as diferenças de condição feminina sobredeterminadas pela raça e pela classe social. Paradoxalmente, essa grande intervenção não serviu de catalisadora para que um número maior de mulheres negras trabalhassem pelo feminismo. Hoje em dia, o número de brancas que pautam sua produção acadêmica por um ponto de vista feminista que inclui a raça é muito maior que o de negras. Isso ocorre porque muitas acadêmicas negras continuam ambivalentes diante da política feminista e dos pontos de vista feministas. No ensaio "Toward a Phenomenology of Feminist Consciousness", Sandra Bartky afirma que "para ser feminista é preciso antes se tornar feminista". Lembra-nos que o mero fato de pensar sobre as questões de gênero ou lamentar a condição da mulher "não é necessariamente expressão de consciência feminista". Com efeito, muitas acadêmicas negras decidem voltar sua atenção para a questão dos gêneros embora se desvinculem expressamente de qualquer engajamento com o pensamento feminista. Como não sabem se o movimento feminista é mesmo capaz de mudar de modo significativo a vida delas, não estão dispostas a assumir e afirmar um ponto de vista feminista.

Outro fator que restringe a participação das mulheres negras na produção acadêmica feminista era e ainda é a falta de recompensas institucionais. Enquanto muitas acadêmicas brancas ativas no movimento feminista passaram a fazer parte de uma rede de pessoas que trocam recursos, publicações, empregos etc., as negras em geral estão fora dessa roda. É esse, em especial, o caso das negras cuja produção acadêmica feminista não é bem recebida. Nos primeiros estágios do meu trabalho, as acadêmicas brancas frequentemente se sentiam ameaçadas pelo enfoque dado à raça e ao racismo. Longe de ser recompensada ou valorizada (como acontece hoje), naquele tempo eu era percebida como uma ameaça ao feminismo. Eu me tornava ainda mais ameaçadora quando ousava falar, a partir de um ponto de vista feminista, sobre outras questões além da raça. No geral, as acadêmicas negras, já gravemente marginalizadas pelo racismo e sexismo institucionalizados da academia, nunca se convenceram plenamente de que lhes é vantajoso (quer em matéria de progresso na carreira, quer de comodidade pessoal) declarar publicamente seu compromisso com a política feminista. Muitas entre nós usam os contatos com acadêmicos negros do sexo masculino para promover suas carreiras. Algumas sentiam e ainda sentem que a afirmação de um ponto de vista feminista vai separá-las desses aliados.

Apesar dos muitos fatores que desencorajaram as negras de se dedicar à produção acadêmica feminista, o sistema de recompensas por esse tipo de trabalho se expandiu nos últimos tempos. O trabalho teórico feminista é considerado academicamente legítimo. Em maior número que em qualquer outra época, as acadêmicas negras têm feito trabalhos que examinam a questão dos gêneros. Aos poucos, mais negras se dedicam à produção acadêmica feminista. A crítica literária é o ambiente que melhor tem permitido às mulheres negras afirmar uma voz feminista. Boa parte da crítica literária feminista foi uma reação à obra de ficcionistas negras que desmascararam formas de exploração e opressão sexual na vida dos negros; essa literatura recebeu uma atenção sem precedentes e não era arriscado falar criticamente sobre ela. Essas obras falavam das preocupações feministas. As negras que escreviam sobre essas preocupações podiam mencioná-las, muitas vezes sem declarar um ponto de vista feminista. Mais que qualquer texto feminista de não ficção escrito por mulheres negras, as obras de ficção de escritoras como Alice Walker e Ntozake Shange serviram de catalisadoras, estimulando em diversas comunidades negras um feroz debate crítico sobre os gêneros e sobre o feminismo. Naquela época, os escritos feministas de não ficção eram praticamente ignorados pelo público negro. (O *Black Macho and the Myth of the Superwoman* de Michele Wallace era a única exceção.) As acadêmicas brancas geralmente aceitavam as mulheres negras que fizessem crítica literária com enfoque no gênero ou fazendo referência ao feminismo, mas ainda consideravam a esfera da teoria feminista como seu domínio crítico particular. Como era de esperar, as obras de críticas literárias negras recebiam atenção e, às vezes, aplausos. Acadêmicas negras como Hazel Carby, Hortense Spillers, Beverly Guy-Sheftall, Valerie Smith e Mae Henderson usavam um ponto de vista feminista em sua produção acadêmica sobre literatura.

Apesar do número cada vez maior de críticas literárias feitas por mulheres negras a partir de um ponto de vista feminista, na maioria das vezes as acadêmicas negras enfocavam questões de gênero sem situar sua obra especificamente dentro de um contexto feminista. Historiadoras como Rosalyn Terborg Penn, Deborah White e Paula Giddings escolheram projetos críticos voltados para a recuperação de conhecimentos antigos, e perdidos, sobre a experiência das mulheres negras. Os trabalhos delas – e de muitas outras historiadoras negras – expandiram e continuaram expandindo nossa compreensão de como a experiência negra é diferente para os sexos feminino e masculino, embora não insistam abertamente numa relação com o pensamento feminista. Um padrão semelhante se desenvolveu em outras disciplinas. O que isso significa é que temos trabalhos incríveis construídos em torno da produção acadêmica feminista com ênfase no gênero, que porém não se denominam explicitamente feministas.

É claro que o movimento feminista contemporâneo criou a estrutura cultural necessária para a legitimação acadêmica dos estudos com ênfase nas questões de gênero:

a esperança era que esses trabalhos sempre partissem de um ponto de vista feminista. Por outro lado, os trabalhos sobre questões de gênero que não nascem desse ponto de vista se situam numa relação ambivalente, até problemática, com o feminismo. Bom exemplo desse tipo de trabalho é *Ar'n't I a Woman*, de Deborah White. Publicado depois de *Ain't I a Woman*, esse trabalho, intencionalmente ou não, espelhou a preocupação de meu livro com o repensar a posição da mulher negra durante a escravidão. (White nem sequer menciona minha obra – fato que só é importante porque coincide com a ausência de qualquer menção à política feminista.) Com efeito, o livro de White pode ser lido como uma correção aos trabalhos acadêmicos interdisciplinares não tradicionais que enquadram o estudo da mulher num contexto feminista. Ela apresenta seu trabalho como uma produção acadêmica politicamente neutra. Mesmo assim, a ausência de pontos de vista ou referências feministas atua fortemente para deslegitimar o trabalho feminista, ao mesmo tempo em que o livro se apropria das questões e do público criado pelo movimento e pela produção acadêmica feministas. Visto que pouquíssimos trabalhos sólidos de pesquisa acadêmica factual são feitos para documentar nossa história, a obra de White é uma contribuição crucial, embora exponha a relação ambígua de muitas acadêmicas negras com o pensamento feminista.

Quando essa ambiguidade convergiu com o antifeminismo gritante de muitos pensadores negros do sexo masculino, não houve mais clima positivo para que as acadêmicas negras abraçassem e sustentassem coletivamente a produção contínua de trabalhos feministas. Embora algumas pesquisadoras individuais ainda decidam fazer trabalhos desse tipo e um número maior de pós-graduandas tenha recentemente ousado situar sua obra num contexto feminista, a falta de apoio coletivo resultou na impossibilidade de criar a própria educação para a consciência crítica que ensinaria aos negros por que motivo é importante investigar a vida negra a partir de um ponto de vista feminista. O retrocesso antifeminista que atualmente afeta a cultura como um todo mina o apoio à produção acadêmica feminista. Visto que a produção feminista por parte de acadêmicas negras sempre foi marginalizada na academia, marginalizada tanto em relação à hegemonia acadêmica existente quanto à corrente principal do feminismo, aquelas entre nós que creem que esse trabalho é crucial para qualquer discussão imparcial da experiência negra têm de intensificar seu esforço de educação em prol da consciência crítica. Aquelas acadêmicas negras que começaram a tratar de questões de gênero enquanto ainda eram ambivalentes em relação à política feminista e agora cresceram, tanto em sua consciência quanto em seu comprometimento, têm o dever de se mostrar dispostas a discutir publicamente as mudanças no seu pensamento.

10

A CONSTRUÇÃO DE UMA COMUNIDADE PEDAGÓGICA

UM DIÁLOGO

Em sua introdução à coletânea de ensaios *Between Borders: Pedagogy and the Politics of Cultural Studies*, os organizadores Henry Giroux e Peter McLaren salientam que os pensadores críticos que trabalham com pedagogia e têm um compromisso com os estudos culturais devem aliar "a teoria e a prática a fim de afirmar e demonstrar práticas pedagógicas engajadas na criação de uma nova linguagem, na ruptura das fronteiras disciplinares, na descentralização da autoridade e na reescrita das áreas limítrofes institucionais e discursivas onde a política se torna um pré-requisito para reafirmar a relação entre atividade, poder e luta". Dado esse programa, é crucial que os pensadores críticos dispostos a mudar nossas práticas de ensino conversem entre si, colaborem com uma discussão que transponha fronteiras e crie um espaço para a intervenção. Hoje em dia, quando a "diferença" é tema quente nos círculos progressistas, está na moda falar de "hibridação" e "cruzar fronteiras", mas raramente encontramos exemplos concretos de indivíduos que realmente ocupem posições diferentes dentro das estruturas e partilhem ideias entre si, mapeando seus terrenos, seus vínculos e suas preocupações comuns no que se refere às práticas de ensino.

A prática do diálogo é um dos meios mais simples com que nós, como professores, acadêmicos e pensadores críticos, podemos começar a cruzar as fronteiras, as barreiras que podem ser ou não erguidas pela raça, pelo gênero, pela classe social, pela reputação profissional e por um sem-número de outras diferenças. Meu primeiro diálogo de colaboração, com Cornel West, foi publicado em *Breaking Bread: Insurgent Black Intellectual Life*. Depois participei de um intercâmbio crítico realmente empolgante com a crítica literária feminista Mary Childers, publicado em *Conflicts in Feminism*. O primeiro diálogo tinha o objetivo de servir de modelo para os intercâmbios críticos entre homens e mulheres e entre acadêmicos negros. O segundo queria mostrar que a solidariedade pode existir, e existe de fato, entre pensadoras feministas progressistas brancas e negras. Em ambos os casos, parecia haver muito mais representações públicas das divisões entre esses grupos que descrições ou destaques daqueles momentos poderosos em que as fronteiras são transpostas, as diferenças são confrontadas, a discussão acontece e a solidariedade surge. Precisávamos de contraexemplos concretos que rompessem com a suposição aparentemente fixa (mas frequentemente tácita) de que era muito improvável que tais indivíduos conseguissem se encontrar além das fronteiras. Sem esses contraexemplos, eu sentia que corríamos todos o risco de perder contato, de criar condições que tornassem o contato impossível. Por isso, formei minha convicção de que os diálogos públicos poderiam ser intervenções úteis.

Quando comecei esta coletânea de ensaios, estava particularmente interessada em questionar a suposição de que não pode haver pontos de contato e camaradagem entre acadêmicos brancos do sexo masculino (frequentemente vistos, com ou sem razão, como representantes da incorporação do poder e do privilégio ou das hierarquias opressoras) e grupos marginalizados (mulheres de todas as raças e etnias e homens de cor). Nos anos recentes, muitos acadêmicos brancos do sexo masculino se engajaram criticamente com meus escritos. Perturba-me o fato de esse engajamento ser encarado com suspeita ou visto meramente como ato de apropriação feito para levar adiante um programa oportunista. Se realmente queremos criar uma atmosfera cultural em que os preconceitos possam ser questionados e modificados, todos os atos de cruzar fronteiras devem ser vistos como válidos e legítimos. Isso não significa que não sejam sujeitos a críticas ou questionamentos críticos ou que não haja muitas ocasiões em que a entrada dos poderosos nos territórios dos impotentes serve para perpetuar as estruturas existentes. Esse risco, em última análise, é menos ameaçador que o apego e o apoio contínuos aos sistemas de dominação existentes, particularmente na medida em que afetam o ensino, como ensinamos e o que ensinamos.

Para proporcionar um modelo de possibilidade, decidi me engajar num diálogo com Ron Scapp, um filósofo, camarada e amigo branco do sexo masculino. Até há pouco tempo ele lecionava no departamento de filosofia do Queens College, em Nova York, e trabalhava como diretor do College Preparatory Program* da School of Education,

---

* Programa que prepara alunos do ensino público para o ingresso na faculdade. (N. do T.)

sendo autor de um manuscrito intitulado *A Question of Voice: The Search for Legitimacy*. Atualmente, é diretor do Programa de Pós-Graduação em Educação Multicultural Urbana no College of Mount St. Vincent, também em Nova York. Conheci Ron quando fui ao Queens College acompanhada por doze alunos que estavam fazendo o seminário sobre Toni Morrison que dei no Oberlin College. Fomos a uma conferência sobre Morrison em que ela falou e eu também dei uma palestra. Minha perspectiva crítica sobre a obra dela, especialmente *Beloved*, não foi bem recebida. Quando eu estava saindo da conferência, rodeada pelos alunos, Ron se aproximou e partilhou seus pensamentos sobre minhas ideias. Esse foi o começo de um intenso intercâmbio crítico sobre o ensinar, o escrever, as ideias e a vida. Queria incluir aqui esse diálogo porque ocupamos posições diferentes. Embora Ron seja branco e do sexo masculino (duas posições que lhe conferem poderes e privilégios específicos), tenho lecionado principalmente em instituições particulares (consideradas mais prestigiadas que as instituições estatais onde nós dois lecionamos atualmente), tenho grau hierárquico mais alto e tenho mais prestígio. Ambos somos de origem trabalhadora. Ele tem suas raízes na cidade, eu tenho as minhas na América rural. A compreensão e apreciação de nossas diferentes posições foram estruturas necessárias para a construção de solidariedade profissional e política entre nós, bem como para a criação de um espaço de confiança emocional onde possam ser alimentadas a intimidade e a mútua consideração.

Ao longo dos anos, Ron e eu tivemos muitas discussões sobre nosso papel de pensadores críticos e professores universitários. Assim como eu tive de confrontar críticos que consideram meu trabalho "não acadêmico, ou não suficientemente acadêmico", Ron teve de lidar com críticos que se perguntam se o que ele faz é "filosofia de verdade", especialmente quando ele cita minhas obras e a de outros pensadores que não tiveram formação tradicional em filosofia. Nós dois somos apaixonadamente comprometidos com o ensino. Nosso interesse comum em que o papel do professor não seja desvalorizado foi o ponto de partida desta discussão. É nossa esperança que ela produza muitas discussões semelhantes; que ela mostre que os homens brancos podem mudar, e efetivamente mudam, o modo como pensam e ensinam; e que as interações que transpõem nossas diferenças e as levam em conta sejam significativas e enriqueçam nossas práticas de ensino, nosso trabalho acadêmico e nossos hábitos de ser dentro e fora da academia.

bell hooks: Ron, vamos começar falando sobre como nos vemos como professores. Um dos modos pelos quais este livro me fez pensar sobre o meu processo de ensino é que sinto que meu jeito de ensinar foi fundamentalmente estruturado pelo fato de nunca ter querido ser acadêmica. Por isso, nunca me imaginei como professora universitária antes de entrar na sala de aula. Acho que isso é significativo, pois me liberou para sentir que a professora universitária é algo em que vou me tornando, e não uma espécie de identidade já estruturada que levo comigo para a aula.

Ron Scapp: De modo semelhante, mas talvez um pouquinho diferente, não é que eu não queria ser professor – eu nunca pensei no assunto. Muitos amigos meus nem sequer terminaram a faculdade – alguns não terminaram nem o ensino médio – e não existia esse negócio de encarar a escola como uma carreira profissional. Acho que você não querer ser professora universitária significava que não queria essa identificação profissional como tal. Eu nem sequer pensava sobre isso.

bh: Mas, como você disse, eu também não. Quer dizer, como jovem negra no Sul segregado, eu pensava – e meus pais pensavam – que eu voltaria àquele mundo e seria professora na escola pública. Mas nunca ocorreu a ideia de que eu pudesse ser professora universitária pois, para falar a verdade, nós não tínhamos ouvido falar de nenhuma professora universitária negra.

RS: De modo diferente, mas semelhante, meus pais, de classe trabalhadora, viam a educação na verdade como um meio para um fim e não como o fim em si. Quando alguém fazia faculdade, era para ser advogado ou médico. Para eles, era um meio de melhorar a condição econômica. Não que eles desprezassem os professores universitários; é que a universidade não era uma *profissão*. As pessoas estudavam para ganhar dinheiro, ganhar a vida, fazer família.

bh: Há quanto tempo você ensina?

RS: Comecei no LaGuardia Community College quando me formei no Queens College, em 1979. Estava no departamento de suprimento de habilidades básicas. Dávamos aulas de leitura e inglês para suprir as deficiências dos alunos.

bh: E depois você se doutorou em filosofia?

RS: Foi. Por isso, eu dava aulas enquanto fazia a pós-graduação. Desde 1979 que estou envolvido com o ensino em tempo parcial ou integral. Isso é quanto? Quatorze anos?

bh: Eu ensino desde os 21 anos. Na pós-graduação, dava meus cursos sobre literatura afro-americana e sobre a mulher afro-americana porque tinha interesse em fazer isso e havia um grupo de alunos dispostos a fazer esses cursos. Mas só fui obter meu doutorado bem mais tarde, embora já estivesse na sala de aula. Vejo que já estou nas salas de aula das faculdades há vinte anos. É interessante que você e eu tenhamos nos conhecido quando levei meus alunos do Oberlin para uma conferência no Queens. Acho que parte do que nos uniu foi um interesse, evidenciado pela minha palestra, não só pelo trabalho acadêmico que fazíamos em sala de aula, mas também pelo modo com que esse trabalho acadêmico nos afeta fora da sala de aula. Passamos anos depois do nosso encontro discutindo pedagogia e ensino; uma das coisas que nos vincularam é que nós dois temos verdadeiro interesse pela educação como prática libertadora e por estratégias pedagógicas que possam servir não só para nossos alunos, mas também para nós.

RS: Com certeza. Esse também é um bom jeito de compreender ou descrever o modo como eu, na verdade, passei a me sentir cada vez mais à vontade no papel de professor.

bh: Quero voltar à ideia de que, de algum modo, foi o fato de eu não ter investido na noção de professora universitária ou acadêmica como definição da minha identidade que me deixou mais disposta a questionar e interrogar esse papel. Se talvez olharmos para onde eu realmente vejo minha identidade, que, na maioria das vezes, é a de escritora, quem sabe eu seja muito menos flexível ao imaginar essa prática que quando me vejo como professora. Sinto que me beneficiei muito por não ser apegada a mim mesma como acadêmica ou professora universitária. Isso me deixou mais disposta a criticar minha pedagogia e a aceitar críticas dos alunos e de outras pessoas sem sentir que questionar o modo como dou aula equivale, de algum modo, a questionar meu direito de existir no planeta. Sinto que uma das coisas que impedem muitos professores de questionar suas práticas pedagógicas é o medo de que *"essa é minha identidade e não posso questioná-la"*.

RS: Estávamos falando sobre o direcionamento profissional – essa expressão talvez seja canhestra –, uma tentativa de chegar numa sensação de vocação. Falamos sobre a diferença entre ver o título de professor universitário, ou mesmo de simples professor, como uma mera ponte profissional como os de advogado ou médico, um termo que nas nossas comunidades de classe trabalhadora trazia prestígio ou acrescentava importância à pessoa que já éramos. Mas, como professores, acho que ao longo dos anos nossa principal preocupação tem sido a de afirmar quem nós somos por meio da transação de estar com outras pessoas na sala de aula e realizar alguma coisa ali. Não simplesmente transmitir informação ou fazer declarações, mas trabalhar com as pessoas.

Agora há pouco estávamos falando de como nos apresentamos fisicamente naquele espaço, entrando nele vindos da comunidade.

bh: Uma das coisas que eu estava dizendo é que, como mulher negra, sempre tive aguda consciência da presença do meu corpo nesses ambientes que, na verdade, nos convidam a investir profundamente numa cisão entre mente e corpo, de tal modo que, em certo sentido, você está quase em conflito com a estrutura existente por ser uma mulher negra, quer professora, quer aluna. Mas, se você quiser permanecer ali, precisa, em certo sentido, lembrar de si mesma – porque lembrar de si mesma é sempre ver a si mesma como um corpo num sistema que não se acostumou com a sua presença ou com a sua dimensão física.

RS: Do mesmo modo, como professor universitário branco de trinta e tantos anos, também tenho profunda consciência da minha presença na sala de aula, dada a história do corpo masculino e do professor do sexo masculino. Preciso ser sensível à minha presença na história que me levou até ali e preciso criticá-la. Mas isso é complicado porque tanto você quanto eu somos sensíveis – e talvez até desconfiados – diante daqueles que parecem fugir de uma consciência real, talvez radical, do corpo e se refugiam numa cisão entre mente e corpo muito conservadora. Alguns colegas do sexo masculino se escondem por trás disso, reprimem seus corpos não por deferência, mas por medo.

bh: E é interessante que é nesses espaços privados onde ocorre o assédio sexual – em escritórios ou outros tipos de espaços – que é preciso sofrer a vingança dos oprimidos. Mencionamos Michel Foucault como um exemplo de alguém que na teoria parecia desafiar essas oposições binárias e cisões simplistas entre mente e corpo. Mas, na sua prática de vida como professor, ele fazia claramente uma separação entre o espaço onde se via como intelectual praticante – onde não só se via como pensador crítico, mas também era visto pelos outros como pensador crítico – e o espaço onde era *corpo*. Está muito claro que o espaço da alta cultura era onde sua mente estava, e o espaço da rua e da cultura de rua (e da cultura popular, da cultura marginalizada) era onde ele sentia que mais podia se expressar dentro do corpo.

RS: Dizem que ele declarou que o lugar onde se sentia mais livre eram as saunas de São Francisco. Talvez não haja tanta divisão e dualismo em seus escritos, mas, pelo que sei – nunca tive aula com ele –, ele levava muito a sério a pose do intelectual francês tradicional.

bh: Do intelectual francês *branco* do sexo masculino. É importante você e eu acrescentarmos isso, pois não somos sequer capazes de citar, de improviso, o nome de algum intelectual francês negro do sexo masculino. Isso apesar de sabermos que eles devem existir; como o resto da Europa, a França já não é exclusivamente branca.

Acho que um dos incômodos silenciosos que rodeiam o modo como um discurso sobre raça e gênero, classe social e prática sexual perturbou a academia é exatamente o desafio a essa cisão entre mente e corpo. Quando começamos a falar em sala de aula sobre o corpo, sobre como vivemos no corpo, estamos automaticamente desafiando o modo como o poder se orquestrou nesse espaço institucionalizado em particular. A pessoa mais poderosa tem o privilégio de negar o próprio corpo. Lembro que, na graduação, eu tinha professores brancos do sexo masculino que usavam sempre o mesmo paletó de *tweed*, a mesma camisa amassada ou coisa que o valha, mas todos nós sabíamos que tínhamos de fingir. Nunca podíamos comentar sobre a vestimenta dele, pois isso seria sinal de carência intelectual da nossa parte. A questão era que todos nós tínhamos de respeitar o fato de ele estar ali para ser uma mente, não um corpo.

Algumas pensadoras feministas – e as duas que me vêm à mente neste contexto são, curiosamente, as lacanianas Jane Gallop e Shoshana Felman – tentaram escrever sobre a presença do professor como corpo na sala de aula, a presença do professor como alguém que tem efeito total sobre o desenvolvimento do aluno, não somente um efeito intelectual, mas um efeito sobre como esse aluno percebe a realidade fora da sala de aula.

RS: Todas essas coisas pesam sobre os ombros de qualquer pessoa que leve a sério a história do corpo de conhecimento personificado no professor. Estávamos mencionando como, de certo modo, nosso trabalho leva nosso eu, nosso corpo, para dentro da sala de aula. A noção tradicional de estar na sala de aula é a de um professor atrás de uma escrivaninha ou em pé à frente da classe, imobilizado. Estranhamente, isso lembra o corpo de conhecimento firme e imóvel que integra a imutabilidade da própria verdade. E daí que sua roupa está suja, suas calças estão mal ajustadas ou sua camisa está amarfanhada? Enquanto a mente ainda estiver funcionando com elegância e eloquência, é isso que se deve apreciar.

bh: Nossa noção romântica do professor está amarrada a uma noção da mente transitiva, de uma mente que, em certo sentido, está sempre em conflito com o corpo. Acho que uma das razões pelas quais todas as pessoas nesta cultura, e os alunos em geral, tendem a ver os professores universitários como gente que não trabalha é com certeza essa sensação do corpo imóvel. Parte da separação de classes entre o que nós fazemos e o que a maioria das pessoas nesta cultura pode fazer (serviço, trabalho, labuta) é que elas mexem o corpo. A pedagogia libertadora realmente exige que o professor trabalhe na sala de aula, que trabalhe com os limites do corpo, trabalhe tanto com esses limites quanto através deles e contra eles: os professores talvez insistam em que não importa se você fica em pé atrás da tribuna ou da escrivaninha, mas isso importa sim. Lembro, no começo da minha atividade de professora, que na primeira vez em que tentei sair de trás da escrivaninha fiquei muito nervosa. Lembro que pensei: "Isto tem a ver com o poder. Realmente sinto que tenho mais 'controle' quando estou atrás da tribuna ou atrás da escrivaninha do que quando caminho na direção dos alunos, fico em pé ao lado deles, às vezes até encosto neles." Reconhecer que somos corpos na sala de aula foi importante para mim, especialmente no esforço para quebrar a noção do professor como uma mente onipotente, onisciente.

RS: Quando você sai da tribuna e caminha, de repente o seu cheiro, o seu jeito de se movimentar ficam evidentes para os alunos. Além disso, você leva consigo um certo tipo de potencial, embora não seja garantido, para um certo tipo de relação face a face e de respeito por "o que eu digo" e "o que você diz". O aluno e o professor olham um para o outro. E, quando nos aproximamos fisicamente, de repente o que digo não vem mais de trás dessa linha invisível, dessa muralha de demarcação que implica que tudo o que vem deste lado da escrivaninha é ouro, é a verdade, ou que tudo o que se diz fora de lá é algo que eu tenho de avaliar, que minha única reação possível é dizer "muito bem", "correto" e assim por diante. À medida que as pessoas se deslocam, se torna mais evidente que nós *trabalhamos* na sala de aula. Alguns professores, especialmente os mais velhos, desejam gozar do privilégio de dar a impressão de não trabalhar em sala de aula. Isso por si mesmo é estranho, mas é especialmente irônico pelo fato de os membros do corpo docente se reunirem fora da sala de aula e falarem sem parar sobre o quanto estão tendo de trabalhar.

bh: O arranjo corporal de que estamos falando desenfatiza a realidade de que os professores universitários estão na sala de aula para dar algo de si aos alunos. O mascaramento do corpo nos encoraja a pensar que estamos ouvindo fatos neutros e objetivos, fatos que não dizem respeito à pessoa que partilha a informação. Somos convidados a transmitir informações como se elas não surgissem através dos corpos. Significativamente, aqueles entre nós que estão tentando criticar os preconceitos na sala de aula foram obrigados a voltar ao corpo para falar sobre si mesmos como sujeitos da história. Todos nós somos sujeitos da história. Temos de voltar a um estado de presença no corpo para desconstruir o modo como o poder tradicionalmente se orquestrou na sala de aula, negando subjetividade a alguns grupos e facultando-a a outros. Reconhecendo a subjetividade e os limites da identidade, rompemos essa objetificação tão necessária numa cultura de dominação. É por isso que os esforços para reconhecer a nossa subjetividade e a subjetividade dos nossos alunos geraram uma crítica e uma reação tão ferozes. Embora Dinesh D'Souza e Allan Bloom apresentem essa crítica como sendo fundamentalmente uma crítica das ideias, ela também é uma crítica de como essas ideias são subvertidas, rompidas e desmontadas na sala de aula.

RS: Se os professores levam o corpo discente a sério e têm respeito por ele, são obrigados a reconhecer que estamos nos dirigindo a pessoas que fazem parte da história. E alguns deles vêm de uma história que, se for reconhecida, pode ser ameaçadora para os modos estabelecidos do saber. Isso vale especialmente para os professores, universitários ou outros, que, na sala de aula, se encontram face a face com indivíduos que não veem nos bairros onde moram. Nos ambientes universitários urbanos, por exemplo, no meu próprio *campus*, um bom número dos professores não mora na cidade de Nova York; alguns não moram nem no estado de Nova York. Moram em Connecticut ou Nova Jérsei, ou em Long Island. Muitas comunidades onde eles moram são extremamente isoladas e não refletem a mistura racial de pessoas que estão no *campus*. Acho que é por isso que muitos desses professores se consideram liberais embora mantenham uma postura conservadora na sala de aula. Isso parece especialmente verdadeiro no que se refere às questões de raça. Muitos querem agir como se a raça não importasse, como se estivéssemos aqui pelo puro interesse mental, como se a história não importasse mesmo que você tenha sido prejudicado, ou seus pais tenham sido imigrantes ou filhos de imigrantes que trabalharam por quarenta anos e não têm nada. O reconhecimento desses fatos deve ser suspenso; e a explicação desse mascaramento é aquela lógica que diz: "Aqui fazemos ciência, aqui fazemos história objetiva."

bh: É fascinante ver como o mascaramento do corpo se liga ao mascaramento das diferenças de classe e, mais importante, ao mascaramento do papel do ambiente universitário como local de reprodução de uma classe privilegiada de valores, do elitismo. Todas essas questões são desmascaradas quando a civilização ocidental e a formação de seu cânone são questionadas e rigorosamente interrogadas. É exatamente isso que os acadêmicos conservadores consideram ameaçador – a possibilidade de que essas críticas desmontem a ideia burguesa de "professor universitário" e de que, como consequência, as noções da nossa importância e do nosso papel como professores na sala de aula tenham de ser fundamentalmente modificadas. Enquanto escrevia os ensaios deste livro, eu pensava continuamente no fato de conhecer tantos professores universitários que são politicamente progressistas, que tiveram a disposição de mudar os currículos de seus cursos, mas na verdade se recusaram resolutamente a mudar a natureza da sua prática pedagógica.

RS: Muitos desses professores universitários não têm consciência de como se conduzem na sala de aula. Um professor pode até apresentar as obras que você escreveu, por exemplo, ou as de intelectuais de outros grupos sub-representados na academia; mas ele vai trabalhar esses textos, vai trabalhar as ideias que eles partilham, de modo a dar a entender que no final não há diferença entre essas obras e as obras mais conservadoras escritas por pessoas privilegiadas em matéria de classe, raça ou gênero.

bh: Também é muito importante reconhecer que os professores podem tentar desconstruir as parcialidades tradicionais ao mesmo tempo em que partilham essas informações por meio de uma postura corporal, um tom de voz, uma escolha de palavras etc. que perpetuam as próprias hierarquias e parcialidades que estão criticando.

RS: Exatamente. O problema é esse. Por um lado, a repetição de toda aquela tradição; por outro, qual o efeito dela sobre o texto apresentado? Parece mais seguro apresentar textos muito radicais como outros tantos livros a serem acrescentados às listas tradicionais – ao cânone já existente.

bh: O exemplo que me vem à mente é o da professora branca de inglês que está mais que disposta a incluir Toni Morrison no programa de seu curso, mas não quer discutir a questão da raça quando fala do livro. Vê isso como um questionamento muito mais ameaçador do sentido do ser professor do que o apelo pela mudança do currículo. E tem razão de considerar arriscado o apelo pela mudança das estratégias pedagógicas. É certo que os professores que tentam institucionalizar práticas pedagógicas progressistas correm o risco de ser alvo de críticas que buscam desacreditá-los.

RS: É verdade. Os professores universitários que efetivamente evocam a necessidade da *tradição* poderiam falar sobre ela de maneira diferente. Tradição deveria ser uma palavra maravilhosa, uma palavra rica. Mas é frequentemente usada num sentido negativo para repetir a tradição do poder do *status quo*. Poderíamos celebrar a tradição dos professores que criaram um currículo progressista. Mas essa tradição nunca é citada nem valorizada; mesmo quando se leem textos radicais, as pessoas sentem necessidade de fazê-lo de maneira a validar os estudos acadêmicos em cujo contexto foram educadas. Elas não conseguem largar esses estudos. Mesmo quando leem certas coisas na sala de aula, essas coisas têm de ser apresentadas, no fim das contas, de modo que não pareçam incompatíveis com tudo o que veio antes. Mas a importância e o impacto de uma obra de Toni Morrison, ou sua, são desvalorizados se a obra não for ensinada de um jeito que vai contra a corrente. Hoje em dia, nas aulas de filosofia, obras sobre raça, etnia e gênero são usadas, mas não de um jeito subversivo. São utilizadas só para atualizar superficialmente o currículo. Esse apego ao passado é determinado pela crença profunda na legitimidade de tudo o que veio antes. Os professores que têm essa crença realmente têm dificuldade para fazer experiências e arriscar o seu corpo – a ordem social. Querem que a sala de aula seja como sempre foi.

bh: Quero reiterar que muitos professores que não têm dificuldade para abrir mão das ideias velhas e de abraçar novos modos de pensamento podem ainda ser tão resolutamente apegados às velhas maneiras de *praticar o ensino* quanto seus colegas mais conservadores. Essa questão é crucial. Mesmo aqueles entre nós que fazem experiências com práticas pedagógicas progressistas têm medo de mudar. Consciente de mim mesma como sujeito da história, membro de um grupo marginalizado e oprimido, vitimada pelo racismo, sexismo e elitismo de classe institucionalizados, eu tinha um medo terrível de que meu ensino viesse a reforçar essas hierarquias. Mas eu não tinha absolutamente nenhum modelo, nenhum exemplo de o que significaria entrar na sala de aula e ensinar de modo diferente. O impulso de experimentar práticas pedagógicas pode não ser bem recebido por alunos que frequentemente esperam que ensinemos da maneira com que eles estão acostumados. O que quero dizer é que é preciso um compromisso fortíssimo, uma vontade de lutar, de deixar que nosso trabalho de professores reflita as pedagogias progressistas. Certa crítica às pedagogias progressistas chega até nós não somente de dentro, mas também de fora. Bloom e D'Souza alcançaram um público de massa e conseguiram dar uma impressão distorcida da pedagogia progressista. Considero assustador que a mídia tenha passado ao público a ideia de que realmente houve uma revolução na educação onde os brancos conservadores do sexo masculino passaram a ser completamente desacreditados, quando na verdade sabemos que pouca coisa mudou, que somente um pequeno grupo de professores defende a pedagogia progressista. Habitamos instituições reais onde pouquíssimas coisas parecem ter mudado, onde há pouquíssimas mudanças no currículo, quase nenhuma mudança de paradigma, e onde o conhecimento e a informação continuam sendo apresentados da maneira convencionalmente aceita.

RS: Como você estava dizendo há pouco, os pensadores conservadores conseguiram apresentar seus argumentos fora da universidade e chegaram até a persuadir os alunos de que a qualidade da educação deles vai diminuir se forem feitas mudanças. Acho, por exemplo, que muitos alunos confundem a falta de formalidade tradicional reconhecível com uma falta de seriedade.

bh: O que mais me mete medo é que a crítica negativa da pedagogia progressista nos afeta – faz com que os professores tenham medo de mudar, de experimentar novas estratégias. Muitas professoras universitárias feministas, por exemplo, começam a carreira trabalhando para institucionalizar práticas pedagógicas mais radicais; mas, quando os alunos parecem não "respeitar sua autoridade", elas sentem que essas práticas são defeituosas e indignas de confiança e voltam às práticas tradicionais. É claro que deveriam saber de antemão que os alunos educados de maneira mais convencional se sentiriam ameaçados e chegariam até a resistir a práticas de ensino em que se insiste que os alunos participem de sua educação e não sejam consumidores passivos.

RS: É bastante difícil comunicar isso aos alunos, pois muitos deles já estão convencidos de que não podem responder aos apelos para que participem na sala de aula. Já foram formados para se ver como desprovidos de autoridade, desprovidos de legitimidade. Reconhecer a responsabilidade dos alunos pelo processo de aprendizado é depositá-la onde, aos olhos deles próprios, ela é menos legítima. Quando tentamos mudar a sala de aula para promover a noção de uma responsabilidade recíproca pelo aprendizado, os alunos ficam com medo de que você deixe de ser o capitão que trabalha com eles e passe a ser apenas, no fim das contas, mais um membro da tripulação – aliás, um membro não muito confiável.

bh: Para educar para a liberdade, portanto, temos de desafiar e mudar o modo como todos pensam sobre os processos pedagógicos. Isso vale especialmente para os alunos. Antes de tentarmos envolvê-los numa discussão de ideias dialética e recíproca, temos de ensinar-lhes o processo. Dou aula a muitos alunos brancos e eles têm posições políticas diversas. Mas eles chegam à aula de literatura feminina afro-americana e não querem ouvir discussões sobre políticas de raça, classe e gênero. Frequentemente reclamam: "Eu pensei que este curso era de literatura." O que estão me dizendo, na verdade, é: "Achei que este curso seria dado como qualquer outro curso de literatura que eu já fiz, apenas substituindo os escritores brancos do sexo masculino por escritoras negras do sexo feminino." Eles aceitam a mudança no foco de representação, mas resistem a mudar as maneiras como pensam sobre as ideias. Isso é ameaçador. É por isso que a crítica do multiculturalismo busca fechar de novo a sala de aula – deter essa revolução em como sabemos o que sabemos. É como se muita gente soubesse que o enfoque das diferenças tem o potencial de revolucionar a sala de aula e não quisesse que a revolução acontecesse. Uma forte reação procura deslegitimar a pedagogia progressista, dizendo: "Ela nos impede de ter pensamentos sérios e uma educação séria." Essa crítica nos conduz de volta à questão de ensinar de maneira diferente. Como lidar com o modo pelo qual nossos colegas nos percebem? Alguns colegas já me disseram: "Os alunos parecem gostar muito da sua aula. O que você está fazendo de errado?"

RS: Os colegas me dizem: "Parece que seus alunos estão se divertindo. Sempre os vejo rindo, parece que você está numa boa." Por trás disso está a ideia de que você é um bom piadista, um bom ator, mas não está ensinando a sério. O prazer na sala de aula provoca medo. Se existe riso, pode ser que um intercâmbio recíproco esteja acontecendo. Você está rindo, os alunos estão rindo, alguém passa por ali, entra na sala e diz: "Tudo bem, você consegue fazê-los rir. Mas e daí? Qualquer um sabe contar uma piada." Tomam essa atitude porque a ideia de reciprocidade, de respeito, nunca é levada em conta. Ninguém parte do princípio de que as ideias do professor podem ser divertidas, comoventes. Para provar a seriedade acadêmica do professor, os alunos devem estar semimortos, silenciosos, adormecidos. Não podem estar animados, entusiasmados, fazendo comentários, querendo permanecer na sala de aula.

bh: É como se tivéssemos que imaginar que o conhecimento é um doce rico e cremoso que os alunos devem consumir e do qual devem se nutrir, mas não que o processo de gestação também deve provocar prazer. Como professora que trabalha para desenvolver a pedagogia libertadora, me sinto desencorajada quando encontro alunos que acreditam que, se a prática for diferente, eles serão menos comprometidos, menos disciplinados. Acho que o medo de perder o respeito dos alunos desencorajou muitos professores universitários de experimentar novas práticas de ensino. Ao contrário, alguns de nós pensam: "Tenho de voltar ao jeito tradicional de ensinar. Caso contrário, não vou ser respeitado e os alunos não vão receber a educação que merecem, pois não vão me ouvir." Quando eu era aluna, apoiava qualquer professor que quisesse criar práticas de ensino mais progressistas. Ainda me lembro do entusiasmo que senti quando assisti à primeira aula em que o professor quis mudar nosso modo de sentar, em que em vez de sentar em fileiras nós fizemos um círculo onde podíamos olhar uns para os outros. Essa mudança nos obrigou a reconhecer a presença uns dos outros. Não podíamos avançar como sonâmbulos a caminho do conhecimento. Hoje em dia, há ocasiões em que os alunos resistem a sentar em círculo. Desvalorizam essa mudança porque, fundamentalmente, não querem ser participativos.

RS: Veem essa prática como um gesto vazio, não como uma importante mudança pedagógica.

bh: Às vezes, pensam: "Por que tenho de fazer isso na sua aula, mas não em todas as outras aulas?" É espantoso e desanimador encontrar alunos refratários, que não estão abertos à prática libertadora, embora eu também veja, ao mesmo tempo, tantos alunos que anseiam por essa prática.

RS: Até os alunos que anseiam pela prática libertadora, que a apreciam, se pegam resistindo porque têm de assistir a outras aulas que começam e terminam em determinado horário, onde inúmeras regras são instituídas como modos de expressão do poder, não como algo que tem de ser feito para possibilitar, pelo menos em certa medida, uma conversação que se sustente. Como já dissemos, podemos intervir e modificar essa resistência partilhando nossa compreensão da prática. Digo aos alunos que não confundam a informalidade com uma falta de seriedade, que respeitem o processo. Como ensino de maneira informal, os alunos frequentemente sentem que podem simplesmente se levantar, sair e voltar. Não se sentem à vontade. E os lembro de que nas outras disciplinas, em que o professor diz que quem perder uma aula está fora do curso, eles são dóceis e se dispõem a obedecer às regras arbitrárias de comportamento.

bh: Tive uma experiência interessante no semestre passado, quando dava aula no City College. Certo dia, não pude dar aula e fui substituída por uma pessoa de pensamento muito mais tradicional, uma professora autoritária tradicional, e a maioria dos alunos acatou essas práticas pedagógicas. Quando voltei e perguntei o que tinha acontecido na aula, os alunos partilharam a percepção de que ela tinha realmente humilhado um aluno, usado seu poder de coerção para silenciar. "E então, o que vocês disseram?", perguntei. Eles admitiram que ficaram sentados em silêncio. Essas revelações me fizeram ver o quanto está entranhada nos alunos a percepção de que os professores universitários são e devem ser ditadores. Em certa medida, eles entendiam que eu "mandava" que eles se dedicassem à prática libertadora, e por isso obedeciam. Logo, quando outra professora entrou na sala de aula e foi mais autoritária, eles simplesmente entraram na linha. Mas o triunfo da prática libertadora foi que nós tivemos espaço para questionar as atitudes deles. Eles puderam olhar para si e dizer: "Por que não defendemos nossas crenças? Será que nós simplesmente acatamos a visão que ela tem de uma prática libertadora ou estamos nós mesmos comprometidos com essa prática?"

RS: Será que a reação deles não foi influenciada pelo hábito?

bh: É muito importante chamar a atenção para o hábito. É difícil mudar as estruturas existentes porque o hábito da repressão é a norma. A educação como prática da liberdade não tem a ver somente com um conhecimento libertador, mas também com uma prática libertadora na sala de aula. Tantos entre nós criticaram os acadêmicos brancos do sexo masculino que promovem a pedagogia crítica mas não alteram suas práticas em sala de aula, que afirmam os privilégios de raça, classe e gênero sem questionar a própria conduta.

RS: No jeito com que falam com os alunos, se dirigem aos alunos, no controle que tentam manter, nos comentários que fazem, eles reforçam o *status quo*. Isso confunde os alunos. Reforça a impressão de que, apesar daquilo que lemos, apesar do que esse sujeito diz, se examinarmos com cuidado a maneira com que ele se expressa, quem ele recompensa, como ele aborda as pessoas, na verdade não há diferença. Essas atitudes minam a pedagogia libertadora.

bh: Mais uma vez, nos referimos a uma discussão sobre o seguinte: se, para subverter a política de dominação em sala de aula, basta usar um material diferente ou é preciso ter um ponto de vista diferente, mais radical. Mais uma vez, você e eu estamos dizendo que um assunto diferente e mais radical não cria uma pedagogia libertadora; que uma prática simples, como a de incluir a experiência pessoal, pode ser mais construtiva e desafiadora que o simples ato de mudar o currículo. É por isso que se criticou tanto o lugar da experiência – da narrativa confessional – na sala de aula. Um dos modos pelos quais os colegas que desconfiam da pedagogia progressista vão rapidamente desconsiderá-lo como professor universitário é deixar que seus alunos, ou você mesma, falem sobre suas experiências; o ato de partilhar narrativas pessoais, ligando esse conhecimento à informação acadêmica, realmente aumenta nossa capacidade de conhecer.

RS: Quando alguém fala desde o ponto de vista das suas experiências imediatas, algo se cria para os alunos na sala de aula, às vezes pela primeiríssima vez. O enfoque da experiência permite aos alunos tomar posse de uma base de conhecimento a partir da qual podem falar.

bh: Um dos aspectos menos compreendidos dos meus escritos sobre pedagogia é a ênfase na *voz*. Achar a própria voz não é somente o ato de contar as próprias experiências. É usar estrategicamente esse ato de contar – achar a própria voz para também poder falar livremente sobre outros assuntos. É disso que muitos professores universitários têm medo. Tive um momento difícil no semestre passado no City College, no meu seminário sobre Escritoras Negras. Na última aula, falei com os alunos sobre a contribuição que cada um deles havia dado à sala; mas, quando falaram, eles me mostraram que nosso curso os tinha deixado com medo de fazer outros cursos. Confessaram: "Você nos ensinou a pensar criticamente, a desafiar e a confrontar, e nos encorajou a ter voz. Mas como podemos fazer outros cursos? Nesses cursos, ninguém quer que nós tenhamos voz!" Essa é a tragédia de uma educação que não promove a liberdade. E as práticas de educação repressivas são mais aceitáveis em instituições do Estado que em lugares como Oberlin ou Yale. Nas faculdades privilegiadas de artes liberais, é aceitável que os professores respeitem a "voz" de qualquer aluno que queira apresentar um argumento. Muitos alunos dessas instituições se sentem dotados de um direito – sentem que suas vozes merecem ser ouvidas. Mas os alunos de instituições públicas, a maioria deles de origem trabalhadora, chegam à faculdade supondo que os professores entendem que eles não têm nada de bom a dizer, nenhuma contribuição valiosa a apresentar para uma troca dialética de ideias.

RS: Às vezes os professores universitários podem até agir como se fosse importante reconhecer cada pessoa, mas o fazem de maneira superficial. Os professores, até os que se julgam liberais, podem pensar que é bom que os alunos falem, mas procedem de maneira a desvalorizar o que os alunos efetivamente dizem.

bh: Estamos dispostos a ouvir Suzie falar, mas então damos as costas imediatamente às palavras dela, obliterando-as. Isso mina uma pedagogia que busca constantemente afirmar o valor das vozes dos alunos. Sugere um processo democrático pelo qual obliteramos as palavras e sua capacidade de influenciar e afirmar. Com essa obliteração, Suzie não é capaz de se ver como um sujeito falante digno de ter voz. Não me refiro somente aos nomes com que descreve sua experiência pessoal, mas também a como ela questiona as experiências dos outros e a como reage ao conhecimento apresentado.

RS: Em muitas classes, isso vira um círculo vicioso. No fim, todos sabiam que a voz do professor era a única que deveria ser ouvida. E agora que completamos o círculo – uma coisa exagerada – todos sabemos que a voz democrática, uma expressão dessa voz, leva a uma conclusão bastante conservadora. Embora os alunos estejam falando, eles na realidade não sabem ouvir os outros alunos.

bh: No que se refere às práticas pedagógicas, temos de intervir para alterar a estrutura pedagógica existente e ensinar os alunos *a escutar, a ouvir uns aos outros.*

RS: Por isso, uma das responsabilidades do professor é criar um ambiente onde os alunos aprendam que, além de falar, é importante ouvir os outros com respeito. Isso não significa ouvir acriticamente ou que as aulas devam ser abertas de tal modo que qualquer coisa que qualquer pessoa diga seja considerada verdadeira, mas significa levar realmente a sério o que a outra pessoa diz. Em princípio, a sala de aula deve ser um lugar onde as coisas são ditas a sério – não sem prazer, não sem alegria – mas a sério e para serem levadas a sério. Observo que muitos alunos têm dificuldade para levar a sério o que eles mesmos dizem, pois estão convictos de que a única pessoa que diz algo digno de nota é o professor. Mesmo que outro aluno diga algo que o professor considera bom, útil, inteligente ou seja o que for, é somente pela validação do professor que os outros alunos o percebem. Se o professor não der a impressão de indicar que isso é algo digno de nota, poucos alunos o notarão. Entendo como uma responsabilidade fundamental do professor demonstrar pelo exemplo a capacidade de ouvir os outros a sério. Nosso enfoque sobre a voz dos alunos levanta toda uma série de outras perguntas sobre o ato de silenciar. Em que momento devemos dizer que o que outra pessoa está dizendo não deve ser desenvolvido na sala de aula?

bh: Uma das razões pelas quais gosto de que as pessoas façam a ligação do pessoal com o acadêmico é que penso que, quanto mais os alunos reconhecem sua singularidade e particularidade, mais eles ouvem. Por isso, uma das minhas estratégias de ensino consiste em redirecionar a atenção deles, tirando-a da minha voz e dirigindo-a para as vozes uns dos outros. Em geral, percebo que isso acontece mais rápido quando os alunos trocam experiências no contexto de um tema acadêmico, pois então eles se lembram uns dos outros.

Agora há pouco, mencionei o dilema de que os professores universitários incapazes de se comunicar bem não podem ensinar os alunos a se comunicar. Muitos professores que criticam a inclusão de narrativas confessionais ou discussões digressivas na sala de aula, onde são principalmente os alunos que falam, a criticam porque não têm as habilidades necessárias para facilitar o diálogo. Uma vez que se abre o espaço para o diálogo na sala de aula, esse momento tem de ser orquestrado para que você não fique atolado com gente que simplesmente gosta do som da própria voz ou gente incapaz de relacionar sua experiência pessoal com o tema acadêmico. Às vezes, preciso interromper os alunos e dizer: "Muito interessante, mas de que modo isso tem a ver com o romance que estamos lendo?"

RS: Muita gente, alunos e professores, acredita que, quando ouve gente como nós falando sobre estimular que os alunos deem sua opinião na sala de aula, nós estamos somente endossando uma sessão de *rap* estereotipada: todos dizem o que quiserem; a aula não tem nenhuma direção, nenhum propósito a não ser que todos se sintam bem; tudo pode ser dito. Mas é possível ser crítico e respeitoso ao mesmo tempo. É possível interromper alguém e mesmo assim travar um diálogo sério e respeitoso. Com demasiada frequência se supõe que se você "der liberdade aos alunos" – e é um erro pensar que estamos falando de dar liberdade aos alunos, pois a liberdade, na verdade, é um projeto para o qual professores e alunos trabalham juntos – haverá caos e nenhuma discussão séria acontecerá.

bh: É essa a diferença da educação como prática da liberdade. O pressuposto inicial tem de ser o de que todos na classe são capazes de agir com responsabilidade. Esse tem de ser o ponto de partida – de que somos capazes de agir juntos com responsabilidade para criar um ambiente de aprendizado. Com demasiada frequência, nós, professores universitários, somos formados para supor que os alunos não são capazes de agir com responsabilidade; que, se não exercermos controle sobre eles, haverá balbúrdia e nada mais.

RS: Ou excesso. Existe um medo tremendo de abrir mão do controle na sala de aula, de correr riscos. Quando os professores abrem mão do controle, não é somente a voz dos alunos que tem de falar com liberdade, é também a do professor. Os professores têm de praticar a liberdade, de falar, tanto quanto os alunos.

bh: Exatamente. É uma questão em que insisto repetidamente nos meus ensaios sobre pedagogia. Boa parte dos trabalhos acadêmicos feministas que criticam a pedagogia crítica ataca a noção da sala de aula como um espaço onde os alunos têm poder. Mas a sala de aula deve ser um espaço onde todos nós temos poder de uma maneira ou de outra. Isso significa que nós, professores, temos de ganhar poder por meio de nossas interações com os alunos. Tento mostrar em meus livros o quanto meu trabalho é influenciado pelo que os alunos dizem na sala de aula, pelo que eles fazem, pelo que me expressam. Cresço intelectualmente ao lado deles, desenvolvendo um entendimento mais nítido de como partilhar o conhecimento e de o que fazer em meu papel participativo com os alunos. Essa é uma das principais diferenças entre a educação como prática da liberdade e o sistema conservador de educação bancária que encoraja os professores a acreditarem, do fundo do seu ser, que eles não têm nada a aprender com os alunos.

RS: E isso nos leva de volta à sua ênfase na pedagogia engajada, no compromisso. Os intelectuais, até mesmo os radicais, têm de tomar cuidado para não reforçar os próprios modos de dominação em sua prática com os alunos. Usar um discurso de libertação não é o bastante quando nós, no fim, caímos de volta no sistema de educação bancária.

bh: Quando entro na sala no começo do semestre, cabe a mim estabelecer que nosso propósito deve ser o de criar *juntos*, embora por pouco tempo, uma comunidade de aprendizagem. Isso me posiciona como discente, como alguém que aprende. Mas, por outro lado, não afirmo que não vou mais ter poder. E não estou tentando dizer que aqui somos todos iguais. Estou tentando dizer que aqui somos todos iguais na medida em que estamos todos igualmente comprometidos com a criação de um contexto de aprendizado.

RS: Correto. Isso nos leva de volta à questão do respeito. Certamente é má-fé fingir que todos somos iguais, pois em última análise é o professor quem vai dar as notas. Em termos tradicionais, é *essa* a fonte do poder, e todos nós, como alunos e como professores, fazemos algum tipo de julgamento. Na sala de aula bem-sucedida, não é essa a fonte verdadeira do poder. O poder da sala de aula libertadora é, na verdade, o poder do processo de aprendizado, o trabalho que fazemos para criar uma comunidade.

bh: Outra dificuldade que tive de resolver no começo da minha vida de professora foi a de avaliar se nossa experiência na sala de aula foi, ou não, compensadora. Nas disciplinas que dou, os alunos frequentemente se deparam com novos paradigmas e se solicita que mudem sua maneira de pensar para levar em conta novas perspectivas. No passado, eu costumava sentir que esse tipo de processo de aprendizado é muito difícil; é doloroso e perturbador. Pode ser que somente seis meses depois, ou um ano, ou até dois anos depois, eles percebam a importância do que aprenderam. Isso era difícil para mim, pois acho que uma das coisas que a educação bancária oferece ao professor é um sistema no qual queremos sentir que, no fim do semestre, todos os alunos estarão sentados fazendo suas provas e dando testemunho de que "eu sou um bom professor". Tudo se resume em eu me sentir bem, bem comigo mesmo e bem com a classe. Mas, ao reconceitualizar a pedagogia engajada, tive de perceber que nosso propósito aqui não é o de nos sentirmos bem. Há aulas ou turmas de que nós gostamos, mas em geral será difícil. Temos de aprender a apreciar também a dificuldade como um estágio no desenvolvimento intelectual. Ou aceitar que aquele sentimento gostoso, confortável, pode às vezes bloquear a possibilidade de darmos espaço aos alunos para sentirem que existe uma integridade a ser cultivada no ato de lidar com um material didático difícil, quer esse material seja fornecido por narrativas confessionais, quer por livros, quer por discussões.

RS: Os professores verdadeiramente radicais têm consciência disso embora seus colegas e alguns alunos não o compreendam plenamente. Às vezes é importante lembrar os alunos que a alegria pode *coexistir com o trabalho duro*. Nem todos os momentos na sala de aula trarão necessariamente um prazer imediato, mas isso não exclui a possibilidade da alegria nem nega a realidade de que aprender pode ser doloroso. E às vezes é preciso lembrar os alunos e os colegas que a dor e as situações dolorosas nem sempre se traduzem em danos. Cometemos esse erro fundamental o tempo todo. Nem toda dor é dano e nem todo prazer é bom. Muitos colegas passam em frente a uma classe engajada e veem os alunos trabalhando, veem-

-nos quer chorando, quer rindo e gargalhando, e supõem que isso é mera emoção.

bh: Ou, quando é emoção mesmo, supõem que se trata de uma espécie de terapia de grupo. Poucos professores falam sobre o lugar das emoções na sala de aula. No capítulo introdutório deste livro, falo sobre minha vontade de que a sala de aula seja um lugar de entusiasmo. Se formos todos emocionalmente fechados, como poderá haver entusiasmo pelas ideias? Quando levamos nossa paixão à sala de aula, nossas paixões coletivas se juntam e frequentemente acontece uma reação emocional, que pode ser muito forte. O ritual restritivo e repressivo da sala de aula insiste em que não há lugar para as reações emocionais. Sempre que irrompem reações emocionais, muitos entre nós creem que nosso objetivo acadêmico ficou prejudicado. Para mim essa é uma visão distorcida da prática intelectual, pois o pressuposto por trás dela é que para ser verdadeiramente intelectual você tem de estar separado das suas emoções.

RS: Ou senão, como você salientou, é mais uma prática de negação, onde a plenitude do corpo e da alma da pessoa não pode entrar na sala de aula.

bh: Se não nos concentrarmos somente na questão de saber se as emoções produzem prazer ou dor, mas em como elas nos mantêm atentos e conscientes, nos lembraremos de que elas podem melhorar as aulas. Há ocasiões em que entro na sala e os alunos parecem mortalmente entediados. E lhes digo: "O que aconteceu? Parece que todos estão muito entediados hoje. Parece que estamos sem energia. O que devemos fazer? O que podemos fazer?" Às vezes, digo: "Sem dúvida, a direção em que estamos caminhando não está despertando os sentidos e as paixões de vocês neste momento." Minha intenção é engajá-los de modo mais pleno. Às vezes, os alunos querem negar que estejam coletivamente entediados. Querem me agradar. Ou não querem me criticar. Nessas ocasiões, tenho de frisar: "Não estou levando isso para o lado pessoal. A tarefa de fazer a aula funcionar não cabe só a mim. É responsabilidade de todos." Então eles respondem: "É época de prova", ou "É este horário", ou "É o começo da primavera", ou "Não queríamos estar sentados aqui". E eu tento dizer: "Então, o que podemos fazer? Como podemos abordar nosso tema para torná-lo mais interessante?" Um dos aspectos mais intensos da prática pedagógica libertadora é o desafio, da parte do professor, de mudar o programa predeterminado. Todos nós aprendemos a planejar as aulas e queremos nos ater ao nosso plano. Quando comecei a lecionar, eu sentia pânico, me sentia em crise, toda vez que havia um desvio em relação ao programa predeterminado. Acho que a crise que todos nós sentimos em relação à mudança de plano de aula é o medo de não conseguirmos passar todo o material. E, quando penso nisso, tenho de combater meu próprio "eu"; pode ser que o material que eu mais queira que eles conheçam num determinado dia não seja necessariamente aquele que mais promove o aprendizado. Os professores universitários podem distribuir o material correto o quanto quiserem; mas, se as pessoas não estiverem dispostas a recebê-lo, saem da sala vazias daquela informação, por mais que a gente sinta que realmente cumpriu o dever.

RS: Concentrar-se em passar todo o material é um dos modos de cair de volta numa educação bancária. Isso frequentemente acontece quando os professores ignoram o estado de humor da classe, o estado de humor da estação do ano, até o estado de humor do edifício. O simples ato de reconhecer um estado de humor e perguntar "O que está acontecendo?" é capaz de despertar um processo de aprendizado empolgante.

bh: Correto. E como nós trabalhamos com esse estado de humor ou como lidamos com ele se não formos capazes de trabalhar com ele.

RS: Correto. Lembro-me de um momento extremamente tocante que me aconteceu numa aula. Várias perturbações haviam ocorrido em razão de problemas de horário das aulas; as aulas começavam e terminavam em horários inusitados. Os alunos eram obrigados a sair no meio de uma aula e ir para outra. A perturbação envolvia cerca de cinquenta pessoas. A certa altura, havia um fluxo contínuo de pessoas entrando na sala e os jatos passavam sem parar sobre o *campus* do Queens College. Olhei para cima e disse: "Basta por hoje. Isto não vai dar certo a menos que vocês queiram ir para outro lugar. Eu não posso fazer mais nada. Não está dando certo para mim. Cheguei ao meu limite." Perguntei se mais alguém na classe queria tomar o meu lugar, conduzir a discussão, mas todos concordaram que aquilo não estava funcionando. Depois, as pessoas correram atrás de mim para perguntar: "Você está chateado? Está bravo conosco?" E eu disse: "De jeito nenhum. Essa aula foi como um jogo de beisebol que não deu certo. Está doze a zero na primeira entrada e começou a chover. Vamos encerrar por hoje."

bh: Isso nos leva de volta à questão das notas. Muitos professores universitários têm medo de permitir que os pensamentos vagueiem sem direção na sala por temer que todo desvio em relação ao programa predeterminado prejudique o processo de avaliação. A sala de aula transformada tem de andar de mãos dadas com um processo de avaliação mais flexível. Os padrões sempre devem ser altos. A excelência deve ser valorizada, mas os padrões não podem ser fixos e absolutos.

RS: Na maioria dos cursos que dou, assumo a posição de observador. Estou ali para observar e avaliar o trabalho que está sendo feito.

bh: Quando você reconhece que somos observadores, isso significa que somos trabalhadores na sala de aula. Para fazer bem esse trabalho, não podemos simplesmente ficar em pé diante da classe e ler. Para saber se um aluno está participando, tenho de estar ouvindo, tenho de estar registrando, e meu pensamento tem de ir além daquele momento. Quero que eles pensem: "Estou aqui para trabalhar com este material, para trabalhar com ele da melhor maneira possível. E não posso ter medo da nota que vou obter, pois, se eu trabalhar com esse material da melhor maneira possível, sei que isso vai se refletir na minha nota." Tento comunicar que a nota é algo que eles podem controlar por meio do seu trabalho em sala de aula.

RS: Acho essa questão realmente importante. Muitos alunos sentem que nunca podem ter a pretensão de avaliar positivamente o próprio trabalho. Outra pessoa é quem vai decidir se eles estão trabalhando duro ou trabalhando bem. Ou seja, já existe uma desvalorização do próprio esforço. Nossa tarefa é capacitar os alunos para ter habilidade para avaliar adequadamente seu crescimento acadêmico.

bh: A obsessão por boas notas tem tudo a ver com o medo do fracasso. O ensino progressista tenta erradicar esse medo, tanto nos alunos quanto nos professores. Há momentos em que me preocupo com a possibilidade de não estar sendo uma "boa" professora, e depois me vejo lutando para romper com o par binário bom/ruim. É mais útil para mim imaginar-me como uma professora progressista que está disposta a assumir tanto seus sucessos quanto seus fracassos na sala de aula.

RS: Muitas vezes falamos do "bom" professor quando queremos, na verdade, nos referir a um professor plena e profundamente engajado com a *arte* de ensinar.

bh: Isso me faz pensar imediatamente no budismo engajado, que pode ser justaposto ao budismo mais ortodoxo. O budismo engajado enfatiza a participação e o envolvimento, particularmente o envolvimento com um mundo fora de nós mesmos. "Engajada" é um adjetivo maravilhoso para descrever a prática libertadora em sala de aula. Ele nos convida a estar sempre no momento presente, a lembrar que a sala de aula nunca é a mesma. As maneiras tradicionais de pensar na sala de aula frisam o paradigma oposto – que a sala de aula é sempre a mesma até quando os alunos são diferentes. Conversando com colegas no começo do ano letivo, eles frequentemente reclamam dessa mesmice, como se a sala de aula fosse um lugar intrinsecamente estático. Para mim, a sala de aula engajada está sempre mudando. Mas essa noção de engajamento ameaça as práticas institucionalizadas de dominação. Quando a sala de aula é realmente engajada, ela é dinâmica. É fluida. Está *sempre* mudando. No último semestre, dei um curso que, quando terminou, eu sentia que estava flutuando. O curso tinha sido *maravilhoso*. Quando terminou, os alunos sabiam que não precisavam pensar como eu, que não estavam ali para reproduzir a minha pessoa. Saíram com uma noção de engajamento, com uma noção de si próprios como pensadores críticos, entusiasmados pela atividade intelectual. No semestre anterior, eu dei um curso que simplesmente odiava. Odiava tanto que não queria acordar de manhã para dar aula. Não conseguia sequer dormir à noite, pois o odiava tanto que tinha medo de dormir e perder a hora. E começava às 8 da manhã. Não deu certo. Uma das coisas que me fascinaram nessa experiência foi que não conseguimos criar uma comunidade de aprendizado na sala de aula. Não que um ou outro aluno não tenha aprendido muito; mas, no que se refere a criar um contexto comunitário para o aprendizado, foi um fracasso. Esse fracasso me partiu o coração. Foi difícil aceitar que eu não tinha sido capaz de controlar a direção em que a classe estava caminhando. Eu pensava: "O que posso fazer? E o que poderia ter feito?" E ficava me lembrando de que não podia fazer nada sozinha, que ali também havia quarenta outras pessoas.

RS: Boa parte do que falamos tem relação com nossa noção de tempo e temporalidade na sala de aula. No começo de cada semestre, tenho muita consciência de que esse é um dos momentos mais importantes. Não interessa que seja um ritual para os alunos – também há um entusiasmo genuíno. Bem no comecinho de cada semestre, tento usar esse entusiasmo para aprofundar e enriquecer nossa experiência na sala de aula. Quero aproveitar esse entusiasmo pelo aprendizado para sustentá-lo, para que ele continue em movimento durante todo o semestre. Os professores engajados sabem que as pessoas tendem a aprender até nas piores circunstâncias. As pessoas tendem a aprender, mas nós queremos mais que o simples aprendizado. É como dizer que, até nas piores circunstâncias, as pessoas sobrevivem; aqui não estamos interessados na simples sobrevivência.

bh: Exatamente. É por isso que "educação como prática da liberdade" é uma expressão que sempre me impressionou. Quer a pedagogia tenha sido engajada, quer não, os alunos sempre saem da aula com alguma informação. Lembro de uma disciplina que fiz com um professor gravemente alcoólatra. Ele era uma figura trágica, que frequentemente chegava atrasado na aula e falava coisas desconexas, mas ainda era possível extrair algo daquele material. Por outro lado, a experiência foi horrível. Nós nos tornávamos cúmplices da sua dependência do álcool a cada aula, quando não a víamos. Esse exemplo me faz pensar de novo em como vemos o corpo, o "eu" do professor. Embora ele estivesse bêbado, trôpego, dando a mesma aula que dera na semana anterior, nós não falávamos nada porque não queríamos perturbar a autoridade dele, a imagem que ele tinha de si. Não queríamos romper essa negação; éramos simplesmente cúmplices.

RS: A cumplicidade frequentemente acontece porque tanto os professores quanto os alunos têm medo de questionar, porque isso significaria mais trabalho. A pedagogia engajada é fisicamente esgotante!

bh: E isso tem um pouco a ver com o número de pessoas. Até a melhor sala de aula, a mais engajada, pode ruir sob o peso de um número excessivo de pessoas. Esse problema me afetou muito na minha carreira de professora. À medida que me tornei mais comprometida com as práticas pedagógicas libertadoras, minhas classes se tornaram grandes demais. Por isso, essas práticas são solapadas pela simples quantidade de gente. Rebelando-me contra isso, tive de insistir em impor limites ao tamanho das classes. A classe superlotada é como um edifício superlotado – a estrutura pode ruir.

RS: Aproveitando a metáfora do edifício, digamos que no prédio haja alguém encarregado da manutenção. Essa pessoa é uma excelente trabalhadora e faz tudo o que deve ser feito, com precisão e responsabilidade. Mas o proprietário está superlotando o edifício a tal ponto que todos os sistemas – o esgoto, os banheiros, a coleta de lixo, tudo – se tornam sobrecarregados. Vai chegar a hora em que aquela pessoa ficará exausta; e, embora esteja fazendo um trabalho excelente, o resultado será um edifício que ainda parece sujo, mal-cuidado etc. No que se refere à instituição, temos de perceber que, se estamos trabalhando conosco mesmos para nos tornar mais plenamente engajados, há um limite para o que podemos fazer. No fim, a instituição vai nos exaurir pelo simples fato de não existir um apoio institucional contínuo às práticas pedagógicas libertadoras.

bh: Isso tem me perturbado muito. Quanto mais a sala de aula engajada se torna superlotada, mais ela corre o risco de ser um espetáculo, um lugar de diversão. Quando isso acontece, o poder potencialmente transformador dessa sala de aula é minado e meu compromisso com o ensino também.

RS: Temos de resistir à tendência de sermos transformados em espetáculos. Isso significa resistir à condição de "astro", resistir a desempenhar o papel de ator. Eu diria que uma das desvantagens da sua fama talvez seja o fato de você atrair certas pessoas à sala de aula para assistir, não para se engajar. Isso é um problema que diz respeito à nossa cultura em sua relação com a fama, mas cada pessoa pode se recusar a ser simplesmente vista como um espetáculo.

bh: Quando temos o *status* de estrela, o *status* de professora icônica, as pessoas param de vir à aula simplesmente porque desejam uma educação participativa. Algumas vêm para ver bell hooks se apresentar. Os alunos que vêm por causa da "estrela" que pensam ser bell hooks costumam aplicar uma espécie de autocensura porque querem me agradar. Ou, senão, vêm para me confrontar. O ideal é que os alunos que querem ser "devotos" sejam transformados pela participação ativa. Mas o projeto de criar uma comunidade de aprendizado como professora já é difícil o suficiente mesmo sem essa complicação adicional! A sala de aula não é lugar para estrelas; é um lugar de aprendizado. Para mim, o *status* de estrela pode ser desmontado pela minha disposição de estar presente em locais onde esse *status* não existe. Vamos falar sobre os modos pelos quais podemos mudar nossa profissão. Acho que nossas práticas de ensino melhorariam se os professores universitários não lecionassem sempre no mesmo tipo de instituição. Embora eu tenha um compromisso radical com o ensino, tive muito medo de mudar meu lugar de lecionar. Tive medo de que, depois de lecionar por tanto tempo em faculdades particulares ricas e de lecionar para alunos que contaram com estruturas educacionais de apoio privilegiadas antes de entrar na faculdade, eu não fosse capaz de trabalhar como professora engajada num ambiente diferente. Vir lecionar no City College, uma instituição pública com tantos alunos de origem subprivilegiada, foi e é um desafio constante. No começo eu tinha medo. O medo me lembrou da necessidade de mudar meu pensamento, minha noção daquilo que faço como professora. Essa noção pode ser alterada pelo contexto.

As noções fixas do ensino como um processo são continuamente postas em xeque num contexto de aprendizado em que o corpo discente é realmente diversificado, em que os alunos não partilham os mesmos pressupostos sobre o aprendizado. No último semestre, no City College, eu tinha quinze alunos negros na minha classe de literatura. Só um deles era afro-americano. Os outros eram afro-caribenhos de diversas origens. Por isso, tive de mudar certos pressupostos que eu tinha acerca da experiência negra. O fato de a maioria desses alunos ter um lar fora dos Estados Unidos, para onde sentiam que podiam voltar – outras culturas, outros locais de origem –, realmente afetava sua maneira de ler os textos. Um modelo fabril do processo educacional não teria estimulado uma mudança nas práticas de ensino.

RS: Estávamos falando sobre as desvantagens de ser famoso. Mas um dos benefícios de ter um certo tipo de reconhecimento, de fama dentro da profissão, é que você pode mudar de instituição para instituição, enquanto a maioria dos professores permanece no mesmo lugar.

bh: É por isso que eu estava propondo que seria ótimo criar uma estrutura de educação em que *todos* pudessem mudar. Vejo a possibilidade de mudar de local

	como um elemento essencial para que os professores conservem o entusiasmo pelo trabalho.

RS: Exatamente. A maior parte das pessoas não é famosa. A maioria de nós leciona na obscuridade. Mas mesmo assim existem jeitos de mudar. Simplesmente temos de trabalhar nisso de maneira diferente. Se você é professor efetivo, por exemplo, com estabilidade no emprego, pode tirar uma licença e, embora não vá ganhar o mesmo dinheiro, pode escolher um trabalho diferente, num ambiente diferente.

bh: Outros tipos de trabalho em ambientes diversos podem aumentar nossa capacidade de ensinar. E, se coubesse a mim reformar nosso sistema educacional, isso seria possível.

RS: Mesmo dentro do contexto de uma única universidade, a pessoa – o professor – pode se perguntar: "O que mais posso fazer?" Um lugar como o Queens, onde dou aula, uma comunidade de 17.000 pessoas, é maior que muitas cidades norte-americanas.

bh: Tem o dobro do tamanho do Oberlin!

RS: São 17.000 pessoas, provindas de diversos lugares, que falam 66 línguas. São muitas pessoas vivendo muitas vidas diferentes. Mas muitos professores dizem: "Bem, se eu pudesse, faria algo diferente." Isso levanta a questão de saber o que significa prestar um serviço. Há outras maneiras pelas quais o professor pode trabalhar fora da sala de aula mas dentro do contexto universitário: ser liberado de um curso, por exemplo, ou reduzir o número de cursos, e elaborar programas diferentes. As universidades têm de começar a reconhecer que a educação de um aluno não se resume ao tempo passado na sala de aula.

A maior parte dos nossos alunos trabalha de vinte a quarenta horas por semana. Não estão simplesmente ganhando uma renda suplementar para comprar roupas ou fazer uma viagem. Por isso, a sala de aula é apenas um dos momentos e lugares onde os professores podem se engajar com os alunos. Mas existe todo um *campus* e toda uma comunidade, fora do *campus*, à qual esses alunos pertencem. O professor pode fazer muitas coisas diferentes, se engajar de diferentes maneiras.

bh: Exatamente. Estou pensando nos grupos de apoio que criei para os alunos fora da sala de aula.

RS: Há muitas maneiras pelas quais podemos ajudar a estabelecer uma comunidade de aprendizado. No Queens, por exemplo, houve muito mal-estar na época dos incidentes de Bensonhurst e Howard Beach, ambos os casos em que afro-americanos foram assassinados por brancos. No Queens há alunos de Howard Beach e Bensonhurst. Parecia adequado que um diálogo começasse. O que aconteceu foi que um bando de alunos, alguns dos quais não tinham aula comigo mas eram amigos de pessoas que tinham, se sentou em torno de uma mesa na lanchonete e começou a debater. A coisa cresceu a um ponto em que realizamos uma mesa-redonda de um ano sobre o tema da raça no Queens College; falávamos de violência, de respeito, de como os homens tratam as mulheres – todas as questões importantes. Acho que isso ajudou a criar comunidades de aprendizado na sala de aula de um jeito diferente de como seria se o diálogo tivesse nascido de uma estrutura institucional tradicional. Para fazer isso, eu não obtive autorização para criar um curso. A princípio, os alunos não receberam reconhecimento nenhum da instituição. Mas perguntei ao meu departamento: "Podemos fazer um Estudo Independente?" Demos-lhe o nome de "Filosofia da Raça" e o transformamos num Estudo Independente. Ou seja, no primeiro semestre não houve notas, nada; o segundo aconteceu mais ou menos como o primeiro, mas dessa vez os alunos obtiveram reconhecimento institucional por estar pensando nessa questão. E não foi somente mais uma "aula na lanchonete"! Não estou falando da noção de transgressão dos preguiçosos, tipo: "O dia está bonito. Vamos lá fora." Quando criamos espaços para discussões sérias fora da sala de aula, é outra coisa que está acontecendo. Isso significa que o professor não precisa ser famoso, não precisa ser um superastro para fazer coisas diferentes no próprio local onde trabalha. O trabalho dele não se resume a estar na sala de aula, e todos os professores dirão: "É verdade, também temos de corrigir prova, comparecer às reuniões dos professores" etc. Mas *existem* outras coisas.

bh: Gostaria de que as instituições compreendessem que os professores precisam se afastar do ensino por certo tempo, e esse tempo de afastamento nem sempre é um ano sabático em que você corre como um doido para escrever um livro. Esse tempo de afastamento do ensino pode durar dois anos ou três. Com a crise de emprego pela qual estamos passando, penso que, se alguém tem condições de se licenciar por dois ou três anos sem receber salário e outra pessoa que não tem emprego pode pegar esse emprego – por que isso não é estimulado? Muitos professores não se interessam pela pedagogia engajada porque têm medo de "estafar-se". Leciono há quase vinte anos e estou agora no meu primeiro ano de licença – sem vencimentos –, mas são as minhas primeiras férias. E sinto que a falta de férias fez mal ao meu ensino. É preciso reconhecer que a queda da economia está suprimindo empregos. É preciso dar mais ênfase à partilha e à troca dos postos de trabalho para criar um ambiente onde a pedagogia engajada possa se sustentar.

RS: Essa ideia assusta muitos professores. Eles não acham que vão ter de fazer um trabalho diferente, com mais entusiasmo e engajamento, mas sim que vão ter de trabalhar mais. Os professores engajados têm consciência da sua vida individual e também do seu envolvimento com as outras pessoas. Mas acho que os professores tradicionais transformam esse mesmo reconhecimento num direito à privacidade, de modo que, quando obtêm a efetivação vitalícia no cargo, acabam se retraindo. A efetivação vitalícia oferece a muitos professores a oportunidade para se esconder.

bh: O que nos leva de volta, finalmente, à autoatualização. Se os professores forem indivíduos feridos, lesados, pessoas que não se autoatualizaram, eles buscarão na academia um asilo, não buscarão torná-la um local de desafio, crescimento e intercâmbio dialético.

RS: Essa é uma das tragédias da educação hoje em dia. Um monte de gente não reconhece que *ser professor é estar com as pessoas.*

11

A LÍNGUA

ENSINANDO NOVOS MUNDOS/NOVAS PALAVRAS

Como o desejo, a língua rebenta, se recusa a estar contida dentro de fronteiras. Fala a si mesma contra a nossa vontade, em palavras e pensamentos que invadem e até violam os espaços mais privados da mente e do corpo. Foi no primeiro ano de faculdade que li um poema de Adrienne Rich chamado "The Burning of Paper Instead of Children" (Queimar papel em vez de crianças). Esse poema, falando contra a dominação, o racismo e a opressão de classe, procura ilustrar de modo claro que pôr fim à perseguição política e à tortura de seres vivos é uma questão mais vital que a censura, que queimar livros. Um verso desse poema que comoveu e perturbou algo dentro de mim: "Esta é a língua do opressor, mas preciso dela para falar com você." Nunca o esqueci. Talvez não conseguisse esquecê-lo nem que tentasse apagá-lo da memória. As palavras se impõem, lançam raízes na nossa memória contra a nossa vontade. As palavras desse poema geraram na minha memória uma vida que eu não pude abortar nem mudar.

Agora, quando me pego pensando sobre a língua, essas palavras estão ali, como se estivessem sempre esperando para me ajudar e me questionar. Pego-me repetindo-as em silêncio com o fervor de uma salmodia. Elas me surpreendem e me sacodem, despertando a consciência de um vínculo entre as línguas e a dominação. De início, resisto à ideia da "língua do opressor", certa de que esse conceito tem o potencial de enfraquecer aqueles entre nós que estão apenas aprendendo a falar, apenas aprendendo a tomar posse da língua como um território onde nos transformamos em sujeitos. *"Esta é a língua do opressor, mas preciso dela para falar com você."* Palavras de Adrienne Rich. Então, quando li essas palavras pela primeira vez e quando as leio agora, elas me fazem pensar no inglês padrão, em aprender a falar de modo contrário ao vernáculo negro, de modo contrário à fala quebrada, despedaçada, de um povo despossuído e desalojado. O inglês padrão não é a fala do exílio. É a língua da conquista e da dominação; nos Estados Unidos, é a máscara que oculta a perda de muitos idiomas, de todos os sons das diversas comunidades nativas que jamais ouviremos, a fala dos gullah, o iídiche e tantos outros idiomas esquecidos.

Refletindo sobre as palavras de Adrienne Rich, sei que não é a língua inglesa que me machuca, mas o que os opressores fazem com ela, como eles a moldam para transformá-la num território que limita e define, como a tornam uma arma capaz de envergonhar, humilhar, colonizar. Gloria Anzaldúa nos lembra dessa dor em *Borderlands/La Frontera* quando afirma: "Então, se você realmente quiser me machucar, fale mal da minha língua." Temos pouquíssimo conhecimento de como os africanos desalojados, escravizados ou livres que vieram ou foram trazidos contra a vontade para os Estados Unidos se sentiram diante da perda da língua, de ter de aprender inglês. Somente como mulher comecei a pensar nesses negros em sua relação com a língua, a pensar em seu trauma quando foram obrigados a assistir à perda de sentido da sua língua por força de uma cultura europeia colonizadora, onde vozes consideradas estrangeiras não podiam se levantar, eram idiomas fora da lei, fala de renegados. Quando me dou conta de o quanto demorou para os americanos brancos reconhecerem as diversas línguas dos índios norte-americanos, para aceitarem que a fala que seus antepassados colonizadores haviam declarado ser mero grunhido ou algaravia era de fato uma *língua*, é difícil não ouvir sempre, no inglês padrão, os ruídos da matança e da conquista. Penso agora no sofrimento dos africanos desalojados e "sem lar", obrigados a habitar num mundo onde viam pessoas iguais a si, com a mesma cor de pele e a mesma condição, mas sem uma língua comum para falar uns com os outros, que precisavam da "língua do opressor". *"Esta é a língua do opressor, mas preciso dela para falar com você."* Quando imagino o terror dos africanos a bordo de navios negreiros, nos palanques dos leilões, habitando a arquitetura insólita das fazendas de monocultura, considero que esse terror ia além do medo da punição e residia também na angústia de ouvir uma língua que não compreendiam. O próprio som do inglês devia aterrorizá-los. Penso nos negros encontrando uns aos outros num espaço distante das diversas culturas e línguas que os distinguiam uns dos outros, obrigados pelas circunstâncias a achar maneiras de falar entre si num "mundo novo" onde a negritude ou a cor escura da pele, e não a língua, se tornariam o espaço da formação de laços. Como lembrar, como evocar esse terror? Como descrever o que devem ter sentido os africanos, cujos laços mais profundos haviam sido sempre forjados no espaço de uma língua comum, mas foram transportados abruptamente para um mundo onde o próprio som de sua língua materna não tinha sentido?

Imagino-os ouvindo o inglês falado como a língua do opressor, mas também os imagino percebendo que essa língua teria de ser adquirida, tomada, reclamada como espaço de resistência. Imagino que foi feliz o momento em que perceberam que a língua do opressor, confiscada e falada pelas línguas dos colonizados, poderia ser um espaço de formação de laços. Nesse reconhecimento residia a compreensão de que a intimidade poderia ser recuperada, de que poderia ser formada uma cultura de resistência que possibilitaria o resgate do trauma da escravização. Imagino, portanto, os africanos ouvindo o inglês pela primeira vez como "a língua do opressor" e depois ouvindo-o outra vez como foco potencial de resistência. Aprender o inglês, aprender a falar a língua estrangeira, foi um modo pelo qual os africanos escravizados começaram a recuperar seu poder pessoal dentro de um contexto de dominação. De posse de uma língua comum, os negros puderam encontrar de novo um modo para construir a comunidade e um meio para criar a solidariedade política necessária para resistir.

Embora precisassem da língua do opressor para falar uns com os outros, eles também reinventaram, refizeram essa língua, para que ela falasse além das fronteiras da conquista e da dominação. Na boca dos africanos negros do chamado "Novo Mundo", o inglês foi alterado, transformado, e se tornou uma fala diferente. Os negros escravizados pegaram fragmentos do inglês e os transformaram numa contralíngua. Juntavam suas palavras de um modo tal que o colonizador teve de repensar o sentido da língua inglesa. Embora na cultura contemporânea tenha se tornado comum falar das mensagens de resistência surgidas na música criada pelos escravos, particularmente nos *spiri-*

tuals, fala-se muito menos sobre a construção gramatical das frases nessas canções. Muitas vezes, o inglês usado na canção reflete o mundo quebrado, despedaçado, dos escravos. Quando os escravos cantavam "Nobody knows de trouble I see –", o uso da palavra "nobody" tem um significado mais rico do que se tivessem usado a locução "no one", pois o lugar concreto do sofrimento era o *corpo* (*body*) do escravo*. E mesmo quando os negros já emancipados cantavam os *spirituals* eles não mudaram a língua, a estrutura das orações dos nossos ancestrais. Isso porque, no uso incorreto das palavras, na colocação incorreta das palavras, havia um espírito de rebelião que tomava posse da língua como local de resistência. Um uso do inglês que rompia com o costume e o sentido padronizados, de tal modo que os brancos muitas vezes não conseguissem compreender a fala dos negros, transformou o inglês em algo mais que a simples língua do opressor.

Há uma continuidade ininterrupta entre o inglês fragmentário dos africanos desalojados e escravizados e os diversos vernáculos que os negros usam hoje. Tanto num caso como no outro, a ruptura do inglês padrão possibilitou e possibilita a rebelião e a resistência. Transformando a língua do opressor, criando uma cultura de resistência, os negros criaram uma fala íntima que podia dizer muito mais do que as fronteiras do inglês padrão permitiam. O poder dessa fala não é simplesmente o de possibilitar a resistência à supremacia branca, mas também o de forjar um espaço para a produção cultural alternativa e para epistemologias

---

* A frase, de um *spiritual* muito conhecido, significa "ninguém conhece as tribulações que vi". Tanto *nobody* quanto *no one* significam "ninguém", mas a autora ressalta a preferência pela primeira palavra, que, entendida literalmente, resultaria na tradução "nenhum corpo conhece as tribulações que vi". (N. do T.)

alternativas – diferentes maneiras de pensar e saber que foram cruciais para a criação de uma visão de mundo contra-hegemônica. É absolutamente essencial que o poder revolucionário do vernáculo negro não seja perdido na cultura contemporânea. Esse poder reside na capacidade do vernáculo negro de intervir nas fronteiras e limitações do inglês padrão.

Na cultura popular negra contemporânea, o *rap* se tornou um dos espaços onde o vernáculo negro é usado de maneira a convidar a cultura dominante a ouvir – a escutar – e, em certa medida, a ser transformada. Entretanto, um dos riscos dessa tentativa de tradução cultural é que ela venha a banalizar o vernáculo negro. Quando jovens brancos imitam essa fala dando a entender que ela é característica dos ignorantes ou daqueles que só se interessam por divertir os outros ou parecer engraçados, o poder subversivo da fala é ameaçado. Nos círculos acadêmicos, tanto na esfera do ensino quanto na da produção de textos, pouco esforço foi feito para utilizar o vernáculo dos negros – ou, aliás, qualquer outra língua que não o inglês padrão. Quando, num curso que estava dando sobre escritoras negras, perguntei a um grupo etnicamente diversificado de alunos por que só ouvíamos o inglês padrão na sala de aula, eles ficaram sem palavras por um instante. Embora para muitos deles o inglês padrão fosse a segunda ou a terceira língua, simplesmente não lhes havia ocorrido que era possível dizer algo em outra língua, de outra maneira. Não admira, portanto, que continuemos pensando: "Esta é a língua do opressor, mas preciso dela para falar com você."

Percebi que corria o risco de perder minha relação com o vernáculo dos negros porque também eu raramente o uso nos ambientes predominantemente brancos onde geralmente me encontro, tanto como professora quanto na vida social. Por isso, comecei a trabalhar para integrar em vários contextos o vernáculo negro específico do Sul que eu ouvia e falava na infância. O mais difícil foi integrar o vernáculo negro na escrita, particularmente para periódicos acadêmicos. Quando comecei a incorporar o vernáculo negro em ensaios críticos, os editores me devolviam o artigo reescrito em inglês padrão. O uso do vernáculo significa que a tradução para o inglês padrão pode ser necessária caso se queira atingir um público mais amplo. Na sala de aula, encorajo os alunos a usar sua primeira língua e depois traduzi-la, para não sentirem que a educação superior vai necessariamente afastá-los da língua e da cultura que conhecem mais de perto. Não surpreende que, quando os alunos do meu curso de Escritoras Negras começam a usar uma língua e uma fala diferentes, os alunos brancos frequentemente reclamam. Isso ocorre particularmente quando se usa o vernáculo negro. Ele perturba os alunos brancos sobretudo porque estes podem ouvir as palavras, mas não compreendem seu significado. Pedagogicamente, estimulo-os a conceber como um espaço para aprender o momento em que não compreendem o que alguém diz. Esse espaço proporciona não somente a oportunidade de ouvir sem "dominar", sem ter a propriedade da fala nem tomar posse dela pela interpretação, mas também a experiência de ouvir palavras não inglesas. Essas lições parecem particularmente cruciais numa sociedade multicultural onde ainda vigora a supremacia branca, que usa o inglês padrão como arma para silenciar e censurar. June Jordan nos lembra disso em *On Call*, quando declara:

> Estou falando sobre os problemas majoritários da língua num Estado democrático, sobre os problemas de uma moeda corrente que alguém roubou, escon-

deu e depois homogeneizou num "inglês" oficial capaz de expressar somente mentiras ou não acontecimentos que não envolvem nenhum responsável. Se vivêssemos num Estado democrático, nossa língua teria de chocar-se, voar, amaldiçoar e cantar em todos os nomes comuns americanos, todas as vozes inegáveis e representativas de quantos estão aqui. Não toleraríamos a língua dos poderosos nem, por causa disso, perderíamos todo o respeito pelas palavras em si mesmas. Faríamos com que nossa linguagem se conformasse à verdade de nossos muitos eus e faríamos com que ela nos conduzisse à igualdade de poder que o Estado democrático deve representar.

O fato de os alunos do curso sobre escritoras negras estarem reprimindo toda a vontade de falar em outros idiomas que não o inglês padrão, sem perceber que essa repressão era política, é um indício de como nós agimos inconscientemente, em cumplicidade com uma cultura de dominação.

As discussões recentes sobre diversidade e multiculturalismo tendem a ignorar a questão da língua ou diminuir sua importância. Os textos feministas críticos voltados para os temas da diferença e da voz fizeram relevantes intervenções teóricas, pedindo que seja reconhecida a primazia de vozes frequentemente silenciadas, censuradas ou marginalizadas. Esse apelo em favor do reconhecimento e da celebração de vozes diversificadas, e consequentemente de línguas e modos de falar diversificados, necessariamente rompe a primazia do inglês padrão. Quando as defensoras do feminismo começaram a falar sobre o desejo de uma participação diversificada no movimento feminino, o problema da língua não foi discutido. Simplesmente se supôs que o inglês padrão continuaria sendo o veículo principal para a transmissão do pensamento feminista. Agora que o público dos textos e discursos feministas se tornou mais diversificado, é evidente que temos de mudar as maneiras convencionais de pensar sobre a língua, criando espaços onde vozes diversificadas possam falar usando outras palavras que não as do inglês ou de um vernáculo fragmentário. Isso significa que, numa palestra ou mesmo numa obra escrita, haverá fragmentos de fala que talvez não sejam acessíveis a todos os indivíduos. A mudança no modo de pensar sobre a língua e sobre como a usamos necessariamente altera o modo como sabemos o que sabemos. Numa palestra em que eu talvez use o vernáculo negro do Sul, o dialeto específico da minha região, ou em que talvez use pensamentos muito abstratos aliados à fala simples e comum, respondendo a um público diversificado, proponho que não necessariamente tenhamos de ouvir e conhecer tudo o que é dito, que não precisemos "dominar" ou conquistar a narrativa como um todo, que possamos conhecer em fragmentos. Proponho que possamos aprender não só com os espaços de fala, mas também com os espaços de silêncio; que, no ato de ouvir pacientemente outra língua, possamos subverter a cultura do frenesi e do consumo capitalistas que exigem que todos os desejos sejam satisfeitos imediatamente; que possamos perturbar o imperialismo cultural segundo o qual só merece ser ouvido aquele que fala em inglês padrão.

Adrienne Rich conclui seu poema com a seguinte declaração:

> Estou compondo na máquina de escrever tarde da noite, pensando no dia de hoje. Como todas nós falamos bem. Uma língua é um mapa dos nossos fracassos. Frederick Douglass escrevia num inglês mais

castiço que o de Milton. As pessoas sofrem muito na pobreza. Os métodos existem, mas não os usamos. Joana, que não sabia ler, falava alguma forma camponesa do francês. Alguns sofrimentos: é difícil falar a verdade; estes são os Estados Unidos; não posso tocar em você agora. Nos Estados Unidos, só possuímos o tempo presente. Estou em perigo. Estás em perigo. A queima de um livro não desperta nenhuma sensação em mim. Sei que a queimadura dói. Há chamas de napalm em Cantonsville, Maryland. Sei que a queimadura dói. A máquina de escrever está superaquecida, minha boca queima, não posso tocar em você e esta é a língua do opressor.

Reconhecer que através da língua nós tocamos uns nos outros parece particularmente difícil numa sociedade que gostaria de nos fazer crer que não há dignidade na experiência da paixão, que sentir profundamente é marca de inferioridade; pois, dentro do dualismo do pensamento metafísico ocidental, as ideias são sempre mais importantes que a língua. Para curar a cisão entre mente e corpo, nós, povos marginalizados e oprimidos, tentamos resgatar a nós mesmos e às nossas experiências através da língua. Procuramos criar um espaço para a intimidade. Incapazes de encontrar esse espaço no inglês padrão, criamos uma fala vernácula fragmentária, despedaçada, sem regras. Quando preciso dizer palavras que não se limitam a simplesmente espelhar a realidade dominante ou se referir a ela, falo o vernáculo negro. Aí, nesse lugar, obrigamos o inglês a fazer o que queremos que ele faça. Tomamos a linguagem do opressor e voltamo-la contra si mesma. Fazemos das nossas palavras uma fala contra-hegemônica, libertando-nos por meio da língua.

12

CONFRONTAÇÃO DA CLASSE SOCIAL NA SALA DE AULA

Pouco se fala sobre classe social nos Estados Unidos, e em nenhum lugar há um silêncio tão intenso acerca da realidade das diferenças de classe quanto nos contextos educacionais. É significativo que as diferenças de classe social sejam particularmente ignoradas nas salas de aula. Desde o ensino fundamental, somos todos encorajados a cruzar o limiar da sala de aula acreditando que estamos entrando num espaço democrático – uma zona livre onde o desejo de estudar e aprender nos torna todos iguais. E, mesmo que entremos aceitando a realidade das diferenças de classe, em nossa maioria ainda acreditamos que o conhecimento será distribuído em proporções iguais e justas. Nos raros casos em que se reconhece que o professor e os alunos não partilham as mesmas origens de classe, o pressuposto oculto ainda é o de que estamos todos igualmente empenhados no avanço social, em subir a escada do sucesso até o topo. E, embora muitos não cheguem ao topo, há um entendimento tácito de que vamos chegar em algum ponto do meio, entre o topo e o nível mais baixo.

Originária de um meio materialmente desprivilegiado, da classe trabalhadora pobre, entrei na universidade com aguda consciência da questão da classe. Quando fiquei sabendo que tinha sido aceita na Universidade Stanford, a primeira questão que surgiu em casa foi como eu arcaria com os custos. Meus pais entendiam que eu tinha recebido uma bolsa e podia fazer empréstimos, mas queriam saber de onde viria o dinheiro para o transporte, as roupas, os livros. Dadas essas preocupações, fui para Stanford pensando que a questão da classe dizia respeito principalmente à materialidade. Levei pouco tempo para perceber que a classe social não era mera questão de dinheiro, que ela moldava os valores, as atitudes, as relações sociais e os preconceitos que definiam o modo como o conhecimento seria distribuído e recebido. Essas mesmas percepções acerca da classe social na academia são expressas repetidamente por acadêmicos de origem trabalhadora na coletânea de ensaios *Strangers in Paradise*, organizada por Jake Ryan e Charles Sackrey.

Na minha época de faculdade, pressupunha-se tacitamente que todos nós concordávamos em não falar sobre classe social, em não criticar os preconceitos de classe burgueses que moldavam e informavam as práticas pedagógicas (bem como a etiqueta social) na sala de aula. Embora ninguém declarasse diretamente as regras que deveriam governar nossa conduta, elas eram ensinadas pelo exemplo e reforçadas por um sistema de recompensas. Como o silêncio e a obediência à autoridade eram mais recompensados, os alunos aprenderam que era essa a conduta apropriada na sala de aula. Falar alto, demonstrar raiva, expressar emoções e até algo tão aparentemente inocente quanto uma gargalhada irreprimida eram coisas consideradas inaceitáveis, perturbações vulgares da ordem social da sala. Esses traços também eram associados à pertença às classes inferiores. Se uma pessoa não provinha de um grupo social privilegiado, poderia progredir se adotasse uma conduta semelhante à de um tal grupo. Os alunos ainda precisam assimilar os valores burgueses para ser considerados aceitáveis.

Os valores burgueses na sala de aula erguem uma barreira que bloqueia a possibilidade de confrontação e conflito e afasta a dissensão. Os alunos são frequentemente silenciados por meio de sua aceitação de valores de classe que os ensinam a manter a ordem a todo custo. Quando a obsessão pela preservação da ordem é associada ao medo de "passar vergonha", de não ser bem-visto pelo professor e pelos colegas, é minada toda possibilidade de diálogo construtivo. Embora os alunos entrem na sala de aula "democrática" acreditando que têm direito à "livre expressão", a maioria deles não se sente à vontade para exercer esse direito. A maioria deles não se sente à vontade para exercer o direito à livre expressão – especialmente se ela significa que eles deem voz a pensamentos, ideias e sentimentos que vão contra a corrente, que não são populares. Esse processo de censura é apenas uma das maneiras pelas quais os valores burgueses superdeterminam o comportamento social na sala de aula e minam o intercâmbio democrático de ideias. Escrevendo sobre sua própria experiência num capítulo de *Strangers in Paradise* intitulado "Outsiders", Karl Anderson confessou:

> Eram o poder e a hierarquia, e não o aprender e o ensinar, que dominavam a pós-graduação em que me encontrei. O "conhecimento" era ganhar precedência sobre os concorrentes, e ninguém disfarçava esse fato. ... A única coisa que aprendi de modo absoluto foi a inseparabilidade da livre expressão e do livre-pensamento. A mim, como a alguns de meus

colegas, recusava-se a oportunidade de falar e, às vezes, de fazer perguntas consideradas "descabidas" quando os instrutores não queriam discuti-las ou responder a elas.

Os alunos que não entram na academia dispostos a aceitar sem questionamento os pressupostos e valores acalentados pelas classes privilegiadas tendem a ser silenciados, a ser considerados baderneiros.

As discussões conservadoras sobre a censura no ambiente universitário contemporâneo frequentemente dão a entender que a ausência de diálogo construtivo, a imposição do silêncio, ocorrem como subproduto dos esforços progressistas para questionar o conhecimento canônico, criticar as relações de dominação ou subverter os preconceitos de classe burgueses. Pouco se discute – se é que se discute – o modo com que as atitudes e os valores das classes materialmente privilegiadas são impostos a todos por meio de estratégias pedagógicas tendenciosas. Essas parcialidades, refletidas na escolha dos assuntos e na maneira como as ideias são partilhadas, não precisam ser declaradas abertamente. Em seu ensaio, Karl Anderson afirma que a imposição do silêncio é "o aspecto mais opressivo da vida de classe média". Sustenta:

> Ela se mantém quando as pessoas ficam de boca fechada a menos que estejam endossando os poderes existentes, sejam eles quais forem. O livre mercado de "ideias", tão querido pelos liberais, é tão imaginário quanto o livre mercado de petróleo ou de automóveis; e é uma fantasia ainda mais nociva, pois gera ainda mais hipocrisia e cinismo. Assim como os professores podem controlar o que é dito

em suas salas de aula, assim também a maioria deles tem antenas ultrassensíveis para identificar que coisas, ditas fora das salas de aula, serão recompensadas ou punidas. E essas antenas os controlam.

O silêncio imposto pelos valores burgueses é sancionado por todos na sala de aula.

Até os professores universitários que adotam os princípios da pedagogia crítica (e muitos desses professores são brancos e do sexo masculino) conduzem suas aulas de maneira a reforçar os modelos de decoro burgueses. Ao mesmo tempo, as matérias ensinadas nessas aulas podem refletir a consciência, por parte dos professores, de perspectivas intelectuais que criticam a dominação, que enfatizam uma compreensão da política da diferença, da raça, da classe social, do gênero, mesmo que a dinâmica da sala de aula permaneça convencional, igual a como sempre foi. Quando o movimento feminista contemporâneo começou a fazer sentir sua presença na academia, havia não só uma crítica constante da dinâmica convencional das aulas como também a tentativa de criar estratégias pedagógicas alternativas. Entretanto, quando as acadêmicas feministas passaram a se esforçar para transformar os Estudos da Mulher numa disciplina respeitada pelos outros professores e pelos administradores, a perspectiva mudou.

Significativamente, a sala de aula feminista foi, na universidade, o primeiro espaço onde encontrei uma tentativa qualquer de reconhecer as diferenças de classe. O que geralmente se enfocava era a maneira pela qual as diferenças de classe se estruturam na sociedade maior, e não a nossa posição no quadro das classes sociais. Mas o enfoque dos privilégios de gênero na sociedade patriarcal acarretava, muitas vezes, um reconhecimento de como as mulheres eram privadas de certos direitos econômicos e, portanto, tinham mais probabilidade de ser pobres ou pertencer à classe trabalhadora. Em geral, a sala de aula feminista era o único lugar onde os alunos (em sua maioria mulheres) de origem materialmente desprivilegiada podiam falar a partir de sua situação de classe, tanto reconhecendo o impacto da classe social sobre seu *status* social quanto criticando as parcialidades de classe dentro do próprio pensamento feminista.

Quando entrei no contexto universitário pela primeira vez, me senti uma estranha nesse novo ambiente. Como a maioria dos meus colegas e professores, a princípio acreditei que esse sentimento se devia à diferença de origens raciais e culturais. Entretanto, à medida que o tempo passava, cada vez mais se evidenciava que esse estranhamento refletia, em parte, as diferenças de classe social. Em Stanford, colegas e professores muitas vezes me perguntavam se eu tinha bolsa. Por trás dessa pergunta estava implícita a noção de que o auxílio financeiro era algo que de algum modo "diminuía" a pessoa. Não foi só essa experiência que intensificou minha consciência das diferenças de classe. Foi também a evocação constante das experiências das classes materialmente privilegiadas (geralmente as da classe média) como norma universal que não só afastava as pessoas de classe trabalhadora como também excluía os desprivilegiados das discussões e das atividades sociais. Para evitar essa sensação de isolamento, os alunos de classe trabalhadora podiam assimilar-se ao grupo principal, mudar o jeito de falar e os pontos de referência, abandonar qualquer hábito capaz de situá-los como provenientes de um ambiente materialmente desprivilegiado.

É claro que entrei na faculdade com a esperança de que o diploma universitário promovesse minha mobilidade social. Mas eu só a concebia em termos econômicos. No começo, não percebia que a classe era muito mais que a condição econômica da pessoa, que determinava seus valores, seus pontos de vista e seus interesses. Partia-se do princípio de que todo aluno pobre ou proveniente da classe trabalhadora abandonaria de boa vontade todos os valores e hábitos associados à sua origem. Os que tinham uma origem étnica/racial diferente aprenderam que não podiam dar voz a nenhum aspecto de sua cultura popular nos ambientes de elite. Isso valia especialmente para o modo popular de falar ou para uma língua materna que não fosse o inglês. A insistência em falar de um modo que não se coadunasse com os ideais e maneirismos da classe privilegiada sempre colocava a pessoa no papel de intrusa.

A exigência de que os indivíduos cujas origens de classe são consideradas indesejáveis abram mão de todos os vestígios de seu passado cria turbulências psíquicas. Éramos encorajados, como muitos estudantes ainda são, a trair nossas origens de classe. Recompensados se decidíssemos nos assimilar, excluídos se preferíssemos conservar aqueles aspectos do nosso ser, alguns de nós éramos vistos, com demasiada frequência, como corpos estranhos. Alguns se rebelavam, aferrando-se a gestos e comportamentos exagerados e claramente marcados como desvios em relação à norma burguesa aceita. Na minha época de estudante, e agora como professora, vi muitos alunos cujas origens de classe são "indesejáveis" tornando-se incapazes de terminar os estudos porque as contradições entre o comportamento necessário para "dar certo" na academia e o comportamento com que se sentem à vontade em casa, com a família e os amigos, são simplesmente grandes demais.

Muitas vezes, entre meus alunos de origem pobre ou de classe trabalhadora, os afro-americanos são aqueles que mais falam sobre questões de classe social. Expressam frustração, raiva e tristeza diante da tensão que sentem ao tentar conformar-se às condutas aceitáveis brancas de classe média no ambiente universitário sem perder a capacidade de "negociar" a situação em casa. Partilhando minhas próprias estratégias para lidar com esse problema, encorajo os alunos a rejeitar a noção de que têm de escolher entre as duas experiências. Eles têm de acreditar-se capazes de habitar confortavelmente em dois mundos diferentes, mas têm de tornar confortável cada um dos dois espaços. Têm de inventar, criativamente, novas maneiras de cruzar fronteiras. Têm de crer em sua capacidade de alterar os ambientes burgueses onde se inserem. Com demasiada frequência, os alunos de origem materialmente desprivilegiada assumem uma posição de passividade – comportam-se como vítimas, como se só pudessem ser manipulados contra sua própria vontade. No fim, acabam sentindo que têm de escolher entre aceitar ou rejeitar as normas que lhes são impostas. Essa alternativa frequentemente os predispõe à decepção e ao fracasso.

As pessoas de classe trabalhadora que estão na academia adquirem poder quando reconhecem que são agentes, reconhecem sua capacidade de participar ativamente do processo pedagógico. Esse processo não é simples nem fácil: é preciso coragem para abraçar uma visão da integridade do ser que não reforce a versão capitalista segundo a qual sempre temos de renunciar a uma coisa para ganhar outra. Na introdução ao capítulo intitulado "Class Mobility and Internalized Conflict", Ryan e Sackrey, em seu livro, lembram os leitores de que "o processo de trabalho acadêmico é essencialmente antagônico à classe trabalhadora; e os acadêmicos, em sua maior parte, vivem num mundo cultural diferente, com costumes diferentes que também o tornam antagônico à vida da classe trabalhadora". Mas aqueles entre nós que vêm da classe trabalhadora não podem deixar que o antagonismo de classe nos impeça de adquirir conhecimento, progredir na hierarquia acadêmica e gozar os aspectos satisfatórios do ensino superior. O antagonismo de classe pode ser usado construtivamente, não para reforçar a noção de que os alunos e professores originários da classe trabalhadora são "corpos estranhos" e "intrusos", mas para subverter e desafiar a estrutura existente.

Quando frequentei meus primeiros cursos de Estudos da Mulher em Stanford, as professoras brancas falavam das "mulheres" quando na verdade definiam como norma a experiência das mulheres brancas materialmente privilegiadas. Para mim, era questão de integridade pessoal e intelectual questionar esse pressuposto tendencioso. Questionando-o, eu me negava a ser cúmplice do apagamento das mulheres negras e/ou das de classe trabalhadora de todas as etnias. Pessoalmente, isso significava que eu não conseguia simplesmente ficar sentada durante a aula, curtindo as boas vibrações feministas – essa foi a perda. O ganho foi que eu estava honrando a experiência das mulheres pobres e de classe trabalhadora da minha família, daquela mesma comunidade que havia encorajado e apoiado meu esforço para adquirir uma educação melhor. Embora minhas intervenções não fossem acolhidas de boa vontade, elas criaram um contexto para o pensamento crítico, para o intercâmbio dialético.

Qualquer tentativa da parte de um aluno para criticar os preconceitos burgueses que moldam o processo pedagógico, especialmente na medida em que têm relação com as perspectivas epistemológicas (os pontos de vista a partir dos quais a informação é partilhada), será vista na maioria dos casos, sem sombra de dúvida, como negativa e perturbadora. Dada a suposta natureza radical ou liberal das primeiras disciplinas acadêmicas feministas, foi chocante para mim descobrir que também aqueles ambientes estavam frequentemente fechados para maneiras diferentes de pensar. Embora fosse aceitável criticar o patriarcado naquele contexto, não era aceitável confrontar questões de classe social, especialmente de um jeito que não se resumisse à simples evocação de culpa. Em geral, apesar da diversidade de suas origens sociais e de participarem de diferentes disciplinas, os acadêmicos afro-americanos e outros professores universitários não brancos não têm se mostrado mais dispostos a confrontar questões de classe. Mesmo quando se tornou mais aceitável reconhecer questões de raça, gênero e classe social, pelo menos da boca para fora, a maioria dos professores e alunos simplesmente não se sentiu capaz de pensar sobre a classe de uma maneira que não fosse simplista. A área principal em que havia a possibilidade de uma crítica e uma mudança significativas eram os estudos acadêmicos tendenciosos, que davam caráter normativo às experiências e aos pensamentos de pessoas materialmente privilegiadas.

Nos anos recentes, a consciência cada vez maior das diferenças de classe nos círculos acadêmicos progressistas deu aos alunos e professores comprometidos com a pedagogia crítica e feminista a oportunidade para abrir, na academia, espaços onde a questão da classe social possa receber atenção. Mas não pode haver intervenção que desafie o *status quo* se não estivermos dispostos a questionar o modo como não só nosso processo pedagógico, mas também nossa autoapresentação costumam ser moldados pelas normas de classe média. Minha consciência de classe tem sido continuamente reforçada por meus esforços para me manter próxima das pessoas queridas que permanecem em posições sociais desprivilegiadas. Isso me ajudou a empregar estratégias pedagógicas que criam rupturas na ordem estabelecida, que promovem modos de aprender que desafiam a hegemonia burguesa.

Uma dessas estratégias foi a ênfase na criação, dentro das salas de aula, de comunidades de aprendizado onde a voz de cada um possa ser ouvida, a presença de cada um possa ser reconhecida e valorizada. No capítulo de *Strangers in Paradise* intitulado "Balancing Class Locations", Jane Ellen Wilson conta como a ênfase na voz pessoal a fortaleceu.

> Foi só fazendo as pazes com meu passado, minhas origens, e situando-as no contexto do mundo como um todo que comecei a encontrar minha verdadeira voz e a compreender que, como essa voz é minha, não existe um nicho pré-fabricado à espera dela; que parte do trabalho a fazer consiste em criar, junto de outras pessoas, um lugar onde a minha e as nossas vozes possam destacar-se do ruído de fundo e dar voz a nossos interesses como parte de uma canção maior.

Quando os acadêmicos de classe trabalhadora ou de origem trabalhadora partilham suas perspectivas, subvertem a tendência de enfocar somente os pensamentos, as atitudes e experiências dos materialmente privilegiados. A pedagogia crítica e a pedagogia feminista são dois paradigmas de ensino alternativos que realmente deram ênfase à questão de encontrar a própria voz. Esse enfoque se revelou fundamental exatamente por ser tão evidente que os privilégios de raça, sexo e classe dão mais poder a alguns alunos que a outros, concedendo mais "autoridade" a algumas vozes que a outras.

Deve-se distinguir entre uma compreensão rasa do ato de encontrar a própria voz, que dá a entender erroneamente que haverá uma democratização da voz onde todos terão o mesmo tempo para falar e suas palavras serão vistas como igualmente valiosas (modelo frequentemente aplicado nas salas de aula feministas), e um reconhecimento mais complexo da singularidade de cada voz e a disposição de criar espaços em aula onde todas as vozes podem ser ouvidas porque todos os alunos são livres para falar, sabendo que sua presença será reconhecida e valorizada. Isso não significa que qualquer coisa, mesmo não tendo relação nenhuma com o tema em discussão, possa ser dita e receber atenção – ou que algo de significativo fatalmente aconteça quando todos têm o mesmo tempo para dar voz à sua opinião. Nas aulas que dou, faço com que os alunos escrevam parágrafos curtos que depois leem em voz alta, para que todos tenhamos a oportunidade de ouvir perspectivas singulares e de fazer uma pausa e ouvir uns aos outros. A mera experiência física de ouvir, de escutar com atenção cada voz em particular, fortalece nossa capacidade de aprender juntos. Embora um determinado aluno talvez não fale de novo depois desse momento, sua presença foi reconhecida.

Ouvir as vozes e os pensamentos individuais uns dos outros, e às vezes relacionar essas vozes com nossa experiência pessoal, nos torna mais conscientes uns dos outros. Esse momento de participação e diálogo coletivo significa que os alunos e o professor respeitam – e invoco aqui o significado originário da palavra, "olham para" – uns aos outros, efetuam atos de mútuo reconhecimento e não falam somente com o professor. A partilha de experiências e narrativas confessionais em sala de aula ajuda a estabelecer o compromisso comunitário com o aprendizado. Esses momentos narrativos são, em geral, o espaço onde se rompe o pressuposto de que todos nós partilhamos as mesmas origens de classe e os mesmos pontos de vista. Ainda que os alunos admitam a ideia de que nem todos têm as mesmas origens de classe, pode ainda acontecer de pensarem que os valores dos grupos materialmente privilegiados serão a norma da classe.

Alguns alunos poderão sentir-se ameaçados se a consciência das diferenças de classe provocar mudanças na sala de aula. Hoje em dia, todos os estudantes se vestem da mesma forma, usando roupas de marcas como The Gap e Benetton; isso apaga ou mascara os sinais de diferença de classe que os estudantes das gerações anteriores conheciam. Os estudantes jovens estão mais ansiosos para negar o impacto da classe social e das diferenças de classe em nossa sociedade. Descobri que os alunos originários das classes alta e média se perturbam quando intercâmbios acalorados acontecem na sala de aula. Muitos deles equiparam as interrupções e a fala em voz alta a um comportamento rude e ameaçador. Mas aqueles que vêm da classe trabalhadora podem sentir que a discussão é mais profunda e mais rica quando desperta reações intensas. Na sala, muitos alunos se perturbam quando alguém é interrompido no meio da sua fala, embora fora da sala a maioria não se sinta ameaçada. Entre nós, poucos são ensinados a facilitar discussões acaloradas que podem incluir interrupções e digressões úteis, mas na maioria das vezes é o professor quem mais tem a ganhar com a preservação da ordem na sala de aula. Os professores universitários não podem capacitar os alunos a abraçar as diversidades de experiências, pontos de vista, comportamento ou estilo se sua própria formação não os capacitou, se ela os socializou para administrar com eficácia um único modo de interação baseado nos valores de classe média.

A maioria dos professores progressistas se sente mais à vontade para desafiar os preconceitos de classe por meio do material estudado do que para questionar como eles moldam a conduta em sala de aula e transformam seu processo pedagógico. Quando entrei na minha primeira aula como professora universitária e como feminista, tinha muito medo de usar a autoridade de modo a perpetuar o elitismo de classe e outras formas de dominação. Com medo de abusar do meu poder, fingia que não existia diferença de poder entre os alunos e mim. Foi um erro. Mas foi só quando comecei a questionar meu medo do "poder" – o modo pelo qual o medo se correlacionava com minhas próprias origens de classe, onde eu vira tantas vezes as pessoas dotadas de poder social coagirem, maltratarem e dominarem as que não tinham esse poder – que comecei a entender que o poder não é negativo em si. Dependia do que se faz com ele. Cabia a mim criar meios construtivos dentro do meu poder profissional, exatamente por estar ensinando dentro de estruturas institucionais que afirmam ser aceitável usar o poder para reforçar e manter as hierarquias coercitivas.

O medo de perder o controle na sala de aula muitas vezes leva os professores a cair num padrão convencional de ensino em que o poder é usado destrutivamente. É esse medo que conduz os professores, coletivamente, a investir no decoro burguês como meio de conservar uma noção fixa de ordem, de garantir que o professor tenha autoridade absoluta. Infelizmente, esse medo de perder o controle molda e informa o processo pedagógico docente na medida em que atua como barreira que impede todo envolvimento construtivo com as questões de classe social.

Às vezes, os alunos que querem que os professores enfrentem as diferenças de classe simplesmente desejam que os indivíduos de origem material desprivilegiada passem a ocupar o centro do palco, de modo que ocorra não uma perturbação, mas uma inversão das estruturas hierárquicas. Certo semestre, várias estudantes negras originárias da classe trabalhadora frequentaram um curso que dei sobre escritoras afro-americanas. Chegaram com a esperança de que eu usasse meu poder de professora para descentralizar de modo não construtivo as vozes dos alunos brancos privilegiados, de forma que eles sentissem na pele o que é ser um corpo estranho. Algumas dessas alunas negras resistiram rigidamente às tentativas de envolver os outros numa pedagogia engajada em que se cria espaço para todos. Muitas alunas negras tinham medo de que o aprendizado de uma nova terminologia ou de novas perspectivas as afastasse de suas relações sociais habituais. Uma vez que esses medos raramente são levados em conta no processo pedagógico progressista, os estudantes que sofrem dessa ansiedade muitas vezes se sentem hostis e isolados e se recusam a participar da dinâmica de aula. Frequentemente encontro alunos que pensam que, nas minhas aulas, eles "naturalmente" se sentirão incluídos e que parte desse sentimento de conforto, de estar "em casa", será devida ao fato de que não terão de trabalhar tão duro quanto nos outros cursos. Esses alunos não querem encontrar uma pedagogia alternativa nas minhas aulas, mas simplesmente "descansar" das tensões negativas que talvez sintam na maioria dos outros cursos. Cabe a mim trabalhar essas tensões.

A confiar na demografia, temos de supor que a academia logo estará cheia de alunos de diversas classes sociais e que um número de alunos maior que em qualquer outra época será originário de meios pobres ou da classe trabalhadora. Essa mudança não se refletirá na origem social dos professores. Na minha experiência, encontro cada vez menos acadêmicos originários da classe trabalhadora. Nossa ausência tem relação, sem dúvida, com o modo com que a política de classes e a luta de classes definem quem receberá títulos universitários na nossa sociedade. Entretanto, a confrontação construtiva das questões de classe não é simplesmente uma tarefa que cabe àqueles entre nós que vieram da classe trabalhadora ou de meios pobres; é um desafio para todos os professores universitários. Criticando o modo como o ambiente acadêmico se estrutura para reproduzir a hierarquia de classes, Jake Ryan e Charles Sackrey salientam "que, qualquer que seja a posição política ou o matiz ideológico de um determinado professor universitário, qualquer que seja o conteúdo de seu ensino – marxista, anarquista ou niilista –, ele participa mesmo assim da reprodução das relações culturais e de classe do capitalismo". Apesar dessa afirmativa desesperançada, eles se dispõem a reconhecer que "os intelectuais não conformistas podem, por meio de pesquisas e publicações, desgastar um pouco as ortodoxias convencionais, nutrir os alunos com ideias e intenções equivalentes ou encontrar maneiras de pôr uma pequena fração dos recursos da universidade a serviço dos ... interesses de classe dos trabalhadores e de outros que estão abaixo". Todo professor comprometido com a pedagogia engajada reconhece o quanto é importante confrontar construtivamente as questões de classe. Isso significa acolher a oportunidade de alterar nossas práticas de sala de aula criativamente, de tal modo que o ideal democrático da educação para todos possa se realizar.

13

EROS, EROTISMO E O PROCESSO PEDAGÓGICO

Os professores raramente falam sobre o lugar de Eros ou do erótico em nossas salas de aula. Formados no contexto filosófico do dualismo metafísico ocidental, muitos de nós aceitamos a noção de que existe uma cisão entre o corpo e a mente. Crendo nisso, as pessoas entram na sala para ensinar como se apenas a mente estivesse presente, e não o corpo. Chamar a atenção para o corpo é trair o legado de repressão e negação que nos foi transmitido pelos professores que nos antecederam, em geral brancos e do sexo masculino. Mas os nossos antecessores não brancos eram igualmente ávidos por negar o corpo. A faculdade predominantemente negra sempre foi um bastião da repressão. O mundo público do ensino institucional era um local onde o corpo tinha de ser apagado, tinha de passar despercebido. Quando me tornei professora e sentia vontade de ir ao banheiro no meio da aula, não tinha a menor ideia do que meus antecessores faziam nessa situação. Ninguém falava sobre a relação entre o corpo e o ensino. O que fazer com o corpo na sala de aula?

Tento me lembrar dos corpos de meus professores universitários e não consigo me recordar deles. Ouço vozes, rememoro detalhes fragmentários, mas me lembro de pouquíssimos corpos inteiros.

Entrando na classe determinados a apagar o corpo e nos entregar à mente de modo mais pleno, mostramos por meio do nosso ser o quanto aceitamos o pressuposto de que a paixão não tem lugar na sala de aula. A repressão e a negação nos possibilitam esquecer e, depois, buscar desesperadamente nos recuperar, recuperar nossos sentimentos e paixões, em algum lugar isolado – depois da aula. Lembro-me de que há muitos anos, ainda estudante de graduação, li um artigo na *Psychology Today* em que se relatava um estudo que revelava que a cada não sei quantos segundos, enquanto davam aula, muitos professores do sexo masculino estavam pensando em sexo – estavam até tendo pensamentos libidinosos acerca das alunas. Fiquei perplexa. Depois de ler esse artigo – que, segundo me lembro, foi distribuído e comentado infinitamente no alojamento –, passei a encarar os professores homens de um modo diferente, tentando fazer a ligação entre as fantasias que eu imaginava estarem na mente deles durante a aula, de um lado, e o corpo deles, que eu fielmente aprendera a fingir que não via. No meu primeiro semestre como professora de faculdade, havia na minha classe um aluno do sexo masculino que eu sempre parecia ver e não ver ao mesmo tempo. A certa altura, no meio do semestre, recebi um telefonema de um terapeuta da faculdade que queria falar comigo sobre o modo como eu tratava esse aluno durante as aulas. O terapeuta me disse que os alunos haviam lhe contado que eu era anormalmente áspera, rude e simplesmente má quando me relacionava com aquele aluno. Eu não sabia exatamente de quem se tratava, não conseguia relacionar o nome dele com um rosto ou um corpo, mas depois, quando ele se identificou na sala de aula, percebi que eu sentia uma atração erótica por ele. E que meu jeito ingênuo de lidar com sentimentos que eu havia aprendido a nunca ter na sala de aula consistia em me esquivar (e por isso o tratava mal), reprimir e negar. Ultraconsciente, na época, de como a repressão e a negação podiam "ferir" os alunos, eu estava determinada a encarar todas as paixões despertadas na sala de aula e a lidar com elas.

Escrevendo sobre a obra de Adrienne Rich e ligando-a aos trabalhos de homens que pensaram criticamente sobre o corpo, Jane Gallop comenta em sua introdução a *Thinking Through the Body*:

> Os homens que se encontram, de algum modo, pensando através do corpo têm mais probabilidade de ser reconhecidos como pensadores sérios e de ser ouvidos. As mulheres têm, antes de mais nada, de provar que são pensadoras, o que é mais fácil quando acatam o protocolo que prega a separação entre o pensamento sério e um sujeito encarnado na história. Rich pede às mulheres que entrem nas esferas do pensamento e do conhecimento críticos sem se tornar espíritos desencarnados, seres humanos universais.

Para além da esfera do pensamento crítico, é igualmente importante que entremos na sala de aula "inteiras", não como "espíritos desencarnados". Nos impetuosos primórdios das aulas de Estudos da Mulher na Universidade Stanford, aprendi com o exemplo de professoras ousadas e corajosas (especialmente Diane Middlebrook) que a paixão tinha sim um lugar na sala de aula, que Eros e o erótico não tinham de ser negados para que o aprendizado acontecesse.

Um dos princípios centrais da pedagogia crítica feminista é a insistência em não ativar a cisão entre mente e corpo. Essa é uma das crenças subjacentes que fizeram dos Estudos da Mulher um dos locais de subversão na academia. Embora os Estudos da Mulher tenham tido de lutar no decorrer dos anos para ser levados a sério pelos acadêmicos de disciplinas tradicionais, aquelas entre nós que, como estudantes ou professoras, estiveram intimamente envolvidas com o pensamento feminista sempre reconheceram a legitimidade de uma pedagogia que ousa subverter a cisão entre mente e corpo e nos permite estar presentes por inteiro – e, consequentemente, com todo o coração – na sala de aula.

Há pouco tempo, minha colega e amiga Susan B., que foi minha aluna de Estudos da Mulher quando estudante de graduação, me disse numa conversa que estava tendo muitos problemas na pós-graduação, pois se acostumara com um tipo de ensino apaixonado que não existia em sua faculdade. Seus comentários me fizeram pensar de novo sobre o lugar da paixão, do reconhecimento erótico no contexto da sala de aula, pois creio que a energia que ela sentia em nossas aulas de Estudos da Mulher existia em razão da medida em que as professoras que davam esses cursos ousavam se dar por inteiro, indo além da mera transmissão de informação em palestras e conferências. A educação feminista para a consciência crítica se arraiga no pressuposto de que o conhecimento e o pensamento crítico na sala de aula devem informar nossos hábitos de ser e modos de viver fora da escola. Uma vez que tantos de nossos primeiros cursos foram frequentados unicamente por alunas do sexo feminino, era mais fácil para nós não sermos espíritos desencarnados na sala de aula. Ao mesmo tempo, esperava-se que transmitíssemos a nossas alunas uma qualidade de carinho e até de "amor". Eros estava presente como força motivadora em nossas aulas. Como pedagogas críticas, estávamos ensinando às alunas modos diferentes de pensar sobre os gêneros, com plena consciência de que esse conhecimento também as levaria a viver de maneira diferente.

Para compreender o lugar de Eros e do erotismo na sala de aula, temos de deixar de entender essas forças somente em termos sexuais, embora essa dimensão não deva ser negada. Sam Keen, em seu livro *The Passionate Life*, estimula os leitores a lembrar que, em sua mais antiga concepção, "a potência erótica não se limitava ao poder sexual, mas incluía a força motriz que impulsionava todas as formas de vida de um estado de mera potencialidade para um estado de existência real". Visto que a pedagogia crítica procura transformar a consciência, proporcionar aos alunos modos de saber que lhes permitam conhecer-se melhor e viver mais plenamente no mundo, em certa medida ela tem de se basear na presença do erótico em sala de aula para auxiliar o processo de aprendizado. Keen continua:

> Quando limitamos a palavra "erótico" a seu sentido sexual, revelamos o quanto estamos separados do resto da natureza. Confessamos que não somos motivados de modo algum pela força misteriosa que leva os pássaros a migrar ou o dente-de-leão a soltar suas sementes. Além disso, damos a entender que a plenitude ou o potencial que buscamos realizar é sexual – a conexão romântico-genital entre duas pessoas.

A compreensão de que Eros é uma força que auxilia o nosso esforço geral de autoatualização, de que ele pode proporcionar um fundamento epistemológico para entendermos como sabemos o que sabemos, habilita tanto os professores quanto os alunos a usar essa energia na sala de aula de maneira a revigorar as discussões e excitar a imaginação crítica.

Opinando que essa cultura não tem uma "visão ou ciência da higiologia" (saúde e bem-estar), Keen pergunta: "Que formas de paixão podem nos tornar íntegros? A quais paixões podemos nos entregar com a certeza de que elas expandirão, e não diminuirão, a promessa de nossas vidas?" A busca de um conhecimento que nos permita unir teoria e prática é uma dessas paixões. Na medida em que os professores contribuem com essa paixão, que tem de ser baseada fundamentalmente num amor pelas ideias que conseguimos inspirar, a sala de aula se torna um lugar dinâmico onde as transformações das relações sociais se atualizam concretamente e a falsa dicotomia entre o mundo exterior e o mundo interior da academia desaparece. Sob muitos aspectos, isso é assustador. Nada na minha formação de professora me preparou de verdade para ver meus alunos transformando a si mesmos.

Foi nos anos em que dei aula no departamento de Estudos Afro-Americanos de Yale (um curso sobre escritoras negras) que vi como a educação para a consciência crítica pode mudar fundamentalmente nossas percepções da realidade e nossas ações. Durante um curso, exploramos coletivamente na ficção o poder do racismo interiorizado, não só vendo como ele era descrito na literatura como também questionando criticamente nossas experiências. Entretanto, uma das alunas negras que sempre alisaram o cabelo porque sentiam, lá no fundo, que não teriam boa aparência se o cabelo não fosse processado – se fosse usado "ao natural" – mudou. Um dia, entrou na classe depois do intervalo e disse a todos que as aulas a haviam afetado profundamente, a tal ponto que, quando ela fora alisar o cabelo, uma força dentro dela disse não. Ainda lembro do medo que senti quando ela testemunhou que as aulas a haviam mudado. Embora tivesse uma crença profunda na filosofia da educação para a consciência crítica que dá poder às pessoas, eu ainda não tinha sido capaz de unir confortavelmente a teoria e a prática. Uma pequena parte de mim ainda queria que continuássemos sendo espíritos desencarnados. E o corpo dela, a presença dela, sua nova aparência eram desafios diretos que eu tinha de encarar e afirmar. Ela estava me ensinando. Agora, anos depois, leio de novo as últimas palavras que ela disse à classe e reconheço a paixão e a beleza de sua vontade de saber e agir:

> Sou uma mulher negra. Fui criada em Shaker Heights, Ohio. Não posso voltar atrás e mudar os anos em que acreditava que nunca conseguiria ser tão bonita ou tão inteligente quanto muitas de minhas amigas brancas – mas posso seguir em frente orgulhosa de quem sou. ... Não posso voltar atrás e mudar os anos em que acreditava que a coisa mais maravilhosa do mundo seria ser a esposa de Martin Luther King – mas posso seguir em frente e encontrar a força de que preciso para ser minha própria revolucionária e não a companheira e a auxiliar de outra pessoa. Ou seja, não acredito que podemos mudar o que já foi feito, mas que podemos mudar o futuro. Por isso, estou recuperando e aprendendo mais sobre quem realmente sou, para que possa ser íntegra.

Tentando reunir meus pensamentos sobre o erotismo e a pedagogia, reli os diários de alunos escritos ao longo de um período de dez anos. Várias vezes li anotações que poderiam facilmente ser consideradas "românticas", em que os alunos expressam seu amor por mim, por nossa classe. Aqui, uma estudante asiática oferece seus pensamentos sobre um curso:

> Os brancos nunca compreenderam a beleza do silêncio, dos laços e da reflexão. Você nos ensina a falar e a ouvir o que o vento diz. Como um guia, caminha silenciosamente pela floresta à nossa frente. Na floresta tudo produz som, tudo fala. ... Você também nos ensina a falar, onde todas as formas de vida falam na floresta, e não somente as dos brancos. Por acaso isso não faz parte do sentir-se inteiro – a capacidade de ser capaz de falar, de não ter de ficar em silêncio ou de representar o tempo todo, de ser capaz de ser crítica e honesta – abertamente? Esta é a verdade que você nos ensinou: todas as pessoas merecem falar.

Ou um aluno negro escrevendo que vai me amar "agora e sempre" porque nossas aulas foram uma dança e ele adora dançar:

> Adoro dançar. Quando era menino, dançava em qualquer lugar. Por que ir andando até lá quando eu podia gingar e bambolear pelo caminho afora? Quando eu dançava, minha alma se libertava. Eu era poesia. Indo ao supermercado aos sábados com minha mãe, eu dançava com o carrinho pelos corredores. A mamãe se voltava para mim e dizia: "Menino, pare com essa dança. Os brancos acham que é só isso que sabemos fazer." Eu parava; mas, quando ela não estava olhando, eu pulava e batia os calcanhares uma ou duas vezes. Não me preo-

> cupava com o que os brancos pensavam, simplesmente adorava dançar-dançar-dançar. Ainda danço e ainda não me preocupo com o que as pessoas pensam, brancas ou negras. Quando danço, minha alma é livre. É triste ler sobre homens que param de dançar, que param de ser tolos, que param de deixar que suas almas voem livres. ... Acho que, para mim, sobreviver inteiro significa nunca parar de dançar.

Essas palavras foram escritas por O'Neal LaRon Clark em 1987. Tínhamos uma relação apaixonada de professora e aluno. Ele tinha quase dois metros de altura; me lembro do dia em que chegou atrasado na aula, foi direto à frente da sala, me pegou no colo e girou comigo. Todos riram. Eu o chamei de "bobo" e ri. Ele fez isso para se desculpar por ter se atrasado, por ter perdido uns poucos momentos de paixão em aula. Assim, levou seu próprio momento. Eu também adoro dançar. E assim dançamos rumo ao futuro como camaradas e amigos, ligados por tudo quanto havíamos aprendido juntos na classe. Os que o conheceram se lembram de quando ele chegava cedo na sala e fazia imitações cômicas da professora. Ele morreu inesperadamente no ano passado – ainda dançando, ainda me amando agora e para sempre.

Quando Eros está presente na sala de aula, é certo que o amor vai florescer. As distinções convencionais entre o público e o privado nos levam a crer que não há lugar para o amor na sala de aula. Embora muitos espectadores tenham aplaudido um filme como *Sociedade dos poetas mortos*, talvez identificando-se com a paixão do professor e de seus alunos, essa paixão raramente se afirma institucionalmente. Espera-se que os professores universitários publiquem trabalhos científicos, mas ninguém espera ou exige deles que realmente se dediquem ao ensino de um modo apaixonado que varia de pessoa para pessoa. Os professores que amam os alunos e são amados por eles ainda são "suspeitos" na academia. Parte dessa suspeita se deve à ideia de que a presença de sentimentos, de paixões, pode impedir a consideração objetiva dos méritos de cada aluno. Mas essa noção se baseia no pressuposto falso de que a educação é neutra, de que existe um terreno emocional "plano" no qual podemos nos situar para tratar a todos de maneira igualmente desapaixonada. Na realidade, sempre existiram laços especiais entre professores e alunos, mas tradicionalmente eles eram exclusivos e não inclusivos. Permitir a manifestação de sentimentos de carinho e da vontade de promover o crescimento de determinados alunos na sala de aula – de expandir e abraçar a todos – vai contra a noção da privacidade da paixão. Nos diários dos alunos de vários cursos que dei, sempre houve reclamações sobre os laços especiais que eles percebiam existir entre mim e alguns alunos específicos. Quando me dei conta de que meus alunos se mostravam inseguros diante das expressões de carinho e amor na sala de aula, senti a necessidade de ensinar-lhes esse assunto. Certa vez, perguntei aos alunos: "Por que vocês sentem que a consideração que demonstro por um determinado aluno não pode ser oferecida a cada um de vocês? Por que acham que não existe amor ou carinho suficiente para todos?" Para responder a essas perguntas, eles tiveram de pensar profundamente sobre a sociedade em que vivemos, onde aprendemos a competir uns com os outros. Tiveram de pensar sobre o capitalismo e sobre como ele condiciona o modo como pensamos sobre o amor e o carinho, o modo como vivemos em nosso corpo, o modo como tentamos separar a mente do corpo.

Hoje em dia, nem o ensino nem o aprendizado são muito apaixonados na educação superior. Mesmo quando os alunos anseiam desesperadamente pelo toque do conhecimento, os professores têm medo do desafio e deixam que sua preocupação com a possibilidade de perder o controle sobrepuje seu desejo de ensinar. Ao mesmo tempo, aqueles entre nós que ensinam as matérias de sempre do mesmo jeito de antigamente encontram-se, muitas vezes, interiormente entediados – incapazes de reacender a paixão que sentiam outrora. No ensaio "Learning to Live", sobre pedagogia, Thomas Merton afirma que o objetivo da educação é mostrar aos alunos como se definir "autêntica e espontaneamente em relação" ao mundo. Se assim for, os professores ensinarão melhor se forem eles mesmos autoatualizados. Merton nos lembra que "a ideia autêntica e original de 'paraíso', tanto no mosteiro quanto na universidade, implicava não somente um armazém celestial de ideias teóricas cujas chaves estavam nas mãos dos Mestres e Doutores, mas também o ser interior do aluno" que viria a descobrir o fundamento do seu ser em relação a ele mesmo, às forças superiores, à comunidade. O "fruto da educação ... era a ativação desse centro supremo". Para devolver a paixão à sala de aula ou introduzi-la nas salas onde ela nunca esteve, os professores universitários têm de encontrar de novo o lugar de Eros dentro de nós e, juntos, permitir que a mente e o corpo sintam e conheçam o desejo.

14

ÊXTASE

ENSINAR E APRENDER SEM LIMITES

Num esplêndido dia de verão, no Maine, eu caí do alto de uma colina e quebrei o pulso. Quando estava sentada no chão, sentindo a dor mais intensa que eu jamais experimentara, uma imagem passou como um relâmpago pela minha mente. Era a imagem de mim mesma ainda menina caindo do alto de outra colina. Tanto num caso como no outro, minha queda teve relação com o ato de eu me desafiar a ir além dos meus limites. Na infância, eram os limites do medo. Na idade adulta, os do cansaço – o que chamo de "cansada até os ossos". Eu tinha ido a Skowhegan para dar uma aula num curso de verão de artes. Vários alunos não brancos tinham me contado que seus trabalhos raramente eram criticados por acadêmicos e artistas de cor. Embora eu estivesse me sentindo cansada e doente, queria dar força ao trabalho deles e reconhecer suas necessidades. Por isso, acordei bem cedo para subir a colina e visitar os ateliês deles.

Skowhegan já tinha sido uma fazenda produtiva. Os antigos celeiros tinham sido convertidos em ateliês. O ateliê do qual saí, depois de ter intensa discussão com vários jovens artistas negros de ambos os sexos, dava para um pasto. Sentada aos pés da colina, morrendo de dor, vi uma tremenda decepção no rosto da artista negra à porta de cujo ateliê eu estava me encaminhando. Quando ela veio me ajudar, demonstrou preocupação; mas o sentimento que eu detectei era completamente diferente. Na verdade, ela precisava conversar sobre seu trabalho com alguém em quem pudesse confiar, alguém cujo intelecto e cuja visão fosse capaz de respeitar, alguém que não abordasse suas obras com preconceitos racistas, sexistas ou classistas. Esse alguém não precisava ser eu. Poderia ser qualquer professor. Quando penso na minha vida de estudante, lembro-me vivamente dos rostos, gestos e hábitos de todos os professores e professoras que me orientaram, que me ofereceram a oportunidade de sentir alegria no aprendizado, que fizeram da sala de aula um espaço de pensamento crítico, que transformaram o intercâmbio de informações e ideias numa espécie de êxtase.

Há pouco tempo, trabalhei num programa da rede de televisão CBS sobre o feminismo norte-americano. Pediram a mim e a outras negras presentes que disséssemos o que, na nossa opinião, ajuda a habilitar o feminismo e o movimento feminista. Respondi que, para mim, o "pensamento crítico" era o elemento primordial que permitia a possibilidade da mudança. Partilhei apaixonadamente minha crença de que, independentemente de classe, raça, gênero ou posição social, sem a capacidade de pensar criticamente sobre nosso ser e nossa vida ninguém seria capaz de progredir, mudar, crescer. Em nossa sociedade tão fundamentalmente anti-intelectual, o pensamento crítico não é encorajado. A pedagogia engajada foi essencial para o meu desenvolvimento como intelectual, como professora, pois a essência dessa abordagem ao aprendizado é o pensamento crítico. Um estado de abertura radical existe em qualquer situação de aprendizado em que os alunos e os professores comemoram sua capacidade de pensar criticamente, de se dedicar à práxis pedagógica.

O compromisso profundo com a pedagogia engajada é cansativo para o espírito. Depois de vinte anos lecionando, comecei a precisar passar um tempo afastada da sala de aula. De algum modo, o fato de ter ensinado em diferentes instituições sempre me impediu de gozar a maravilhosa licença remunerada do ano sabático, que é uma das recompensas materiais da vida acadêmica. Esse fator, associado ao compromisso com o ensino, significa que, mesmo quando assumo um cargo de meio período, eu dou aula em outro lugar em vez de tirar férias do ensino. Faço isso porque sinto nos estudantes uma necessidade desesperadora – o medo de que ninguém se importe de verdade com seu aprendizado ou seu desenvolvimento intelectual.

Meu compromisso com a pedagogia engajada é uma expressão de ativismo político. Pelo fato de nossas instituições educacionais investirem tanto no sistema de educação bancária, os professores são mais recompensados quando seu ensino não vai contra a corrente. A opção por nadar contra a corrente, por desafiar o *status quo*, muitas vezes tem consequências negativas. E é por isso, entre outras coisas, que essa opção não é politicamente neutra. Nas faculdades e universidades, o ensino geralmente é a menos valorizada de nossas muitas ocupações profissionais. Entristece-me o fato de muitos colegas suspeitarem daqueles professores com quem os alunos gostam de estudar. E existe a tendência a solapar o compromisso dos pedagogos engajados com o ensino, afirmando-se que o que fazemos não é tão rigorosamente acadêmico quanto deveria ser. Idealmente, a educação é um lugar onde a necessidade de diversos métodos e estilos de ensino é valorizada, estimulada e vista como essencial para o aprendizado. De vez em quando os alunos se sentem preocupados quando uma turma se afasta do sistema de educação bancária. Lembro-os de que podem passar o resto da vida em turmas que refletem as normas convencionais.

É claro que tenho a esperança de que um número maior de professores procure se engajar. Uma das recompensas da pedagogia engajada é que os alunos buscam fazer cursos com aqueles entre nós que se comprometeram entusiasticamente com a educação como prática da liberdade; por outro lado, também é verdade que frequentemente nós trabalhamos demais, nossas classes são muito cheias. Durante anos senti inveja daqueles professores que ensinam de modo mais convencional, pois em geral eles dão aula a turmas menores. No decorrer de toda a minha carreira docente, minhas turmas foram grandes demais e, por isso, não foram tão eficazes quanto poderiam ser. Com o tempo, comecei a perceber que a pressão que os departamentos exercem sobre os professores "populares" para que aceitem turmas maiores também era um modo de minar a pedagogia engajada. Se a classe se torna cheia a ponto de ser impossível saber de cor o nome dos alunos, de ter um relacionamento de boa qualidade com cada um deles, o esforço pela construção de uma comunidade de aprendizado fracassa. Ao longo da minha carreira docente, sempre considerei útil me encontrar pessoalmente com os alunos das minhas turmas, mesmo que por breve tempo. Em vez de passar horas e horas sentada no escritório esperando que este ou aquele aluno queira conversar ou que surja um problema, prefiro marcar almoços com os alunos. Às vezes, a turma inteira traz o almoço e ficamos conversando num espaço que não seja a sala de aula habitual. Em Oberlin, por exemplo, às vezes a classe inteira vai para a African Heritage

House [Casa do Patrimônio Africano] e almoça, tanto para conhecer um lugar diferente do *campus* quanto para nos reunirmos num lugar que não seja a sala.

Muitos professores continuam refratários a envolver-se com quaisquer práticas pedagógicas que enfatizem a participação conjunta de professor e alunos, pois é preciso empenhar mais tempo e esforço para fazer esse tipo de trabalho. Mas a verdade é que a pedagogia engajada, em alguma de suas versões, é o único tipo de ensino que realmente gera entusiasmo na sala de aula, que habilita os alunos e os professores a sentir a alegria de aprender.

Lembrei-me disso no trajeto até o pronto-socorro do hospital depois que levei um tombo naquela colina. Tive uma conversa tão intensa a respeito de ideias com os dois estudantes que me levaram ao hospital que acabei esquecendo a dor. É essa paixão pelas ideias, pelo pensamento crítico e pelo intercâmbio dialógico que quero celebrar na sala de aula e partilhar com os alunos.

Falar sobre pedagogia, pensar criticamente sobre ela, não é o tipo de trabalho intelectual que a maioria das pessoas considera "legal" e "maneiro". A crítica cultural e a teoria feminista são as áreas de trabalho que tanto as alunas quanto as colegas, em geral, consideram interessantes. A maioria não tende a ver a discussão pedagógica como um aspecto central do nosso trabalho acadêmico e do nosso crescimento intelectual, tampouco a ver a prática docente como uma disciplina que promove e enriquece nossa atividade acadêmica. Mas foi o intercâmbio recíproco entre pensar, escrever e partilhar ideias como intelectual e professora que criou todo o conhecimento presente nas minhas obras. Minha devoção a esse intercâmbio me mantém dando aula no ambiente acadêmico, apesar das dificuldades.

Quando li pela primeira vez o livro *Strangers in Paradise: Academics from the Working Class*, me surpreendi com a intensa amargura expressa nas narrativas individuais. Essa amargura não me era completamente desconhecida. Compreendi o que Jane Ellen Wilson queria dizer quando declarou: "Todo o processo de aquisição da educação superior foi para mim um processo de perda de fé." Senti essa amargura de modo mais pungente em relação aos colegas de academia. Ela nasceu da sensação de que muitos entre eles traíram voluntariamente a promessa de camaradagem intelectual e abertura radical que, segundo creio, é a alma e o coração do aprendizado. Quando fui além desses sentimentos e concentrei minha atenção na sala de aula, o único lugar da academia onde eu podia ter alguma influência, os sentimentos arrefeceram. Apaixonei-me mais pelo compromisso com a arte de ensinar.

A pedagogia engajada não só me impele a ser constantemente criativa na sala de aula como também sanciona o envolvimento com alunos fora desse contexto. Acompanho os alunos à medida que eles progridem em sua vida fora da nossa experiência de aula. De várias maneiras continuo a ensiná-los, e eles, inversamente, se tornam mais capazes de me ensinar. A lição importante que aprendemos juntos, a lição que nos permite caminhar juntos dentro e além da sala de aula, é a do engajamento mútuo.

Não posso dizer, de maneira alguma, que não tenho a menor ideia de como os alunos reagem à minha pedagogia; pelo contrário, eles constantemente me fazem comentários. Quando ensino, encorajo-os a criticar, avaliar e fazer sugestões e intervenções à medida que avançamos. As avaliações feitas no fim do curso quase nunca nos ajudam a aperfeiçoar as experiências de aprendizado que partilhamos. Quando os alunos se veem mutuamente responsáveis pelo desenvolvimento de uma comunidade de aprendizado, ofereçem contribuições construtivas.

Os alunos nem sempre gostam de estudar comigo. Muitas vezes sentem que meus cursos os desafiam de maneira profundamente perturbadora. Isso me preocupou muito no começo da minha carreira de professora, pois eu queria ser apreciada e admirada. Mas o tempo e a experiência me fizeram compreender que as recompensas da pedagogia engajada nem sempre surgem durante o curso. Por sorte, tive muitos alunos que se dispuseram a manter contato e partilhar o impacto que nosso trabalho conjunto teve sobre suas vidas. Nesses casos, o trabalho que faço como professora é sempre reafirmado, não só pelos elogios que os alunos me fazem como também por suas escolhas de carreira e hábitos de ser. Quando uma aluna me diz que pensou muito antes de decidir se dedicar ao direito empresarial, entrou em tal e tal escritório de advocacia e depois, no último minuto, começou a repensar se era essa mesma a sua vocação, dizendo que sua decisão foi influenciada pelos cursos que fez comigo, me lembro do poder que temos como professores e da nossa terrível responsabilidade. O compromisso com a pedagogia engajada leva em seu bojo a disposição a ser responsável, não a fingir que os professores não têm poder para mudar a direção da vida de seus alunos.

Comecei esta coletânea de ensaios confessando que não queria ser professora. Depois de vinte anos de docência, posso confessar que muitos de meus momentos mais alegres ocorrem dentro da sala de aula, a qual, mais que a maioria das experiências da vida, me aproxima do êxtase. Num número recente da *Tricycle*, uma revista budista, Pema Chodron fala de como os professores atuam como modelos para os alunos, descrevendo aqueles que mais tocaram seu espírito:

> Meus modelos eram as pessoas que estavam fora da mente convencional e eram realmente capazes de parar minha mente, abri-la por completo e libertá-la, mesmo que por um simples momento, do modo convencional e habitual de ver as coisas. ... Se você está realmente se preparando para perder o pé, se preparando para a realidade da existência humana, então está vivendo no fio da navalha e precisa se acostumar com o fato de que as coisas sempre mudam. Elas não são fixas, não duram, e você nunca sabe o que vai acontecer. Meus professores sempre me empurraram no abismo. ...

Lendo essa passagem, senti uma profunda identificação, pois em todas as áreas da minha vida busquei professores que me desafiassem e me conduzissem para além daquilo que eu mesma escolheria; e que, nesse desafio e por meio dele, criassem para mim um espaço de abertura radical onde sou realmente livre para escolher – capaz de aprender e crescer sem limites.

A academia não é o paraíso. Mas o aprendizado é um lugar onde o paraíso pode ser criado. A sala de aula, com todas as suas limitações, continua sendo um ambiente de possibilidades. Nesse campo de possibilidades temos a oportunidade de trabalhar pela liberdade, de exigir de nós e dos nossos camaradas uma abertura da mente e do coração que nos permita encarar a realidade ao mesmo tempo em que, coletivamente, imaginamos esquemas para cruzar fronteiras, para transgredir. Isso é a educação como prática da liberdade.

Índice remissivo

A

aborto, discussão sobre o, 93
afirmação imediata, necessidade do professor de, 53
Aidoo, Ama Ata, 119
Ain't I a Woman: Black Women and Feminism (hooks), 59, 68, 114, 151, 153
Alchemy of Race and Rights, The (Williams), 94
alegria na sala de aula, 193
Ali, Shahrazad, 89
alunos, 192; fortalecimento dos, 198; validade das vozes dos, 188-91
Anderson, Karl, 223, 224
anti-intelectualismo, perigos do, 88-9
Anzaldúa, Gloria, 210
apartheid racial, 32
Aprendizado, responsabilidade recíproca pelo, 181-4
Ar'n't I a Woman (White), 160
assimilação e turbulência psíquica, 227
autoatualização dos professores, 20-1
autoridade da experiência: como meio de afirmar a própria voz, 107; e a dominação, 104-5; ideias de Fuss, 103; uso do termo para silenciar e excluir, 114
autoridade, a voz da, na sala de aula, 107-8
avaliação, processo de, 197

B

Baker, Houston, 101
"Balancing Class Locations" (Wilson), 231
Bambara, Toni Cade, 153
Bartky, Sandra, 157
Beloved (Morrison), 166
Between Borders: Pedagogy and the Politics of Cultural Studies (Giroux/McLaren), 163
Between Women (Rollins), 127
Black Macho and the Myth of the Superwoman (Wallace), 93, 159
Blackman's Guide to Understanding the Blackwoman, The (Ali), 89
Bloom, Allan, 175
Bluest Eye, The (Morrison), 107
Booker T. Washington, Escola, 2, 66
Borderlands/La Frontera (Anzaldúa), 210
Born Female (Bird), 67
Breaking Bread: Insurgent Black Intellectual Life (West/hooks), 164
budismo: engajado/ortodoxo, 198
burgueses, valores: e a imposição do silêncio, 224; na sala de aula, 223; processos pedagógicos dos, 229
"Burning of Paper Instead of Children, The" (Rich), 209
Burst of Light, A (Lorde), 119

C

Cantares de Salomão (Morrison), 41
Carby, Hazel, 101, 102, 159
Cartas à Guiné-Bissau: registros de uma experiência em processo (Freire), 69
censura, no contexto universitário, 223-4
Childers, Mary, 83, 176
Chodron, Pema, 257
Christian, Barbara, 101
Clark, O'Neal LaRon, 247
"Class Mobility and Internalized Conflict" (Ryan/Sackrey), 228
classe social, antagonismos de, uso construtivo dos, 228-9
classe social, diferenças de: consciência das, 230; efeitos das, 226; mascaramento das, 176-7
classe social, hierarquia de, nos contextos acadêmicos, 236
classe social: efeitos sobre o *status* social, 226; na sala de aula, 221-36
códigos culturais, necessidade de reconhecer os, 52

comentários críticos dos alunos, 256
compaixão, necessidade de, 54
comunidade, construir o sentimento de, na sala de aula, 50-1. *Ver também* comunidade de aprendizado
Comunidade de aprendizado: a sala de aula como uma, 199; criação de uma, na sala de aula, 9-10; e a voz, 231
Conflicts in Feminism (Childers/hooks), 80, 83, 164
conhecimento obtido pelo sofrimento, 116
consciência crítica: e o engajamento, 18; educação para a, 46-7, 50, 244-5; poder da educação libertadora para a formação da, 88
conscientização, 18; e o processo de descolonização, 61-2
"Conversation about Race and Class, A" (Childers/hooks), 83
corpo: consciência do, 171-3; mascaramento do, 176-7
Crispus Attucks, Escola, 32, 66
crítica da teoria feminista, 82
crítica literária e a ficção escrita por mulheres negras, 158-9
"Critical Multiculturalism and Democratic Schooling" (McLaren), 40

cruzar fronteiras, 163, 165
cumplicidade, 200
currículo: parcialidades no, 4-5, 12; transformação do, 27

D

D'Souza, Dinesh, 175, 180
Dauphin, Gary, 24-5
Davis, Angela, 153
descolonização, processo de, 61
dessegregação, e a estereotipagem racista, 4-5
diálogo, como intervenção útil, 163-6
diálogo político, direito das mulheres negras ao, 87
"Disloyal to Civilization: Feminism, Racism, and Gynephobia" (Rich), 130
diversidade cultural: apelos em prol da, 38-43; estratégias para promover a, 42-3; percepções errôneas da, 42
dominação: cultura da, 35, 175; educação que reforça a, 4; estratégias de, 105; política de, no contexto educacional, 50; preservação dos sistemas de, 35-6; sistemas de, na pedagogia, 23; sistemas de, no currículo, 3-5, 27
dor da dominação, 94

E

Eagleton, Terry, 77
educação bancária, 51, 66, 191, 193, 253; definição, 6, 18
educação libertadora: hostilidade à, 23; necessidade atual da, 24; poder da, na formação da consciência crítica, 88
educação: como prática da liberdade, 7, 258; como prática libertadora, 169; ênfase na, 66; que reforça a dominação, 4
elitismo, e a estrutura da sala de aula, 106
emoções, seu lugar na sala de aula, 193
empregada e patroa, serva--senhora, relação entre, 120, 124, 128, 131, 132, 134
Ensinando a transgredir: a educação como prática da liberdade (hooks), 11
ensino progressista, valores do, 198
ensino: como catalisador, 13; necessidade de diversificar os métodos de, 253; mudança nas práticas de, 203-7
entusiasmo: na educação superior, 8; por meio do esforço conjunto, 8-10
Eros: como força motivadora, 242, 243; e o processo pedagógico, 239; seu lugar, 247
erotismo, e o processo pedagógico, 240-1, 243, 245
escravidão, abolição da, 123
espaço(s): criação de, na pedagogia engajada, 235; fora da sala de aula, 206; para o diálogo de dissidência crítica, 138, 139; para o silêncio, 217
essencialismo: como estratégia de exclusão e de dominação, 105; e a experiência, 99-117; mau uso do, 105; uso do, 110-1
"Essentialism in the Classroom" (Fuss), 103-14
Essentially Speaking: Feminism, Nature, and Difference (Fuss), 100-3
estabilidade no emprego de professora universitária, 207
estratégias pedagógicas para os professores universitários, 169-70
exclusão, estratégias de, 105
exílio, experiência do, 74
experiência: Fuss sobre o valor da, 103; o essencialismo e a, 99-117; relatos de, como meio de fortalecer os alunos, 111; relatos de, na sala de aula, 109; seu lugar na sala de aula,

186-8; valor da partilha de, 112, 232
"Eye to Eye" (Lorde), 149

F

fama, desvantagens da, 201-2
Fanon, Frantz, 63, 65
Faundez, Antonio, 62, 70
Felman, Shoshana, 172
feminilidade, gênero e, 82
Feminine Mystique, The (Friedan), 67
feminismo, discurso negro sobre o, 154-61
Feminist Theory: From Margin to Center (hooks), 59, 80
feminista, consciência, das mulheres negras, 148-50
feminista, movimento: dimensões do, 95; e a luta dos negros pela libertação, 141-2; papel de Paulo Freire no, 73; saída das mulheres negras do, 132
feminista, pedagogia: e Paulo Freire, 67; ênfase na voz, 231
feminista, pensamento, parcialidades de classe social no, 226
feminista, sala de aula, diversidade na, 143
feminista, solidariedade, 119-39
feminista, teoria: e a prática feminista, 95; hegemônica, 84; libertadora, 90; primeiras conceituações, 81-2; produção da, 81. *Ver também* teoria
Feministas, Estudos, 151-61; com ênfase no gênero em detrimento da raça, 159; falta de, sobre as mulheres negras, 154
Foucault, Michel, 171
fracasso, medo do, 198
Freire, Paulo, XVII, 6, 7, 8, 11, 18, 22; diálogo com, 59-63; na vida da autora, 64-73; seu impacto, 47, 50; seu papel no movimento feminista, 73; seu sexismo, 63-4
Fuss, Diana, 100-13

G

Gallop, Jane, 172, 241
Gates, Henry Louis, 101
gênero, diferenças de, na vida dos negros, 151-3, 156
gênero: e a feminilidade, 82; e a raça, 99; objeto de atenção das mulheres negras, 159
Giddings, Paula, 159
Giroux, Henry, 112, 163
grupo de apoio, criação de um, 205
Guy-Sheftall, Beverly, 159

H

Hellman, Lillian, 135
Hemingway, Ernest, 41
Henderson, Mae, 159
hibridação, 163
higiologia, definição de, 244
hooks, bell: diálogo com Paulo Freire, 59-75; diálogo com Scapp, 166-207
"How to Run the Yard: Off-Line and into the Margins at Yale" (Dauphin), 24

I

índios norte-americanos, suas diversas línguas, 211
"informante nativo", papel do, 55
inglês padrão: como arma, 215; como veículo principal, 216; na sala de aula, 214-5; o imperialismo cultural e o, 217
instituições do Estado, práticas educacionais nas, 187
integridade: como requisito para os intelectuais, 20; na pedagogia, 18-9
intelectual(is): desvalorização, 86; integridade como requisito, 20
International Journal of Educational Reform, 40

"Interrupting the Calls for Student Voice in Liberatory Education: A Feminist Poststructuralist Perspective" (Orner), 26
irmandade feminina: apelo em prol da, 129; espaços para a, 130-1

J

Jordan, June, 215
Joyce, Joyce, 101

K

Keen, Sam, 243, 244
King, Katie, 80, 83
King, Martin Luther, Jr., 35, 43, 85, 87

L

"Learning to Live" (Merton), 249
liberdade de expressão, direito à, 223
libertação, paradigma falocêntrico de, 63
língua: como local de resistência, 221-8; libertação por meio da, 218
língua do opressor, 210
Lorde, Audre, 119, 143, 149

M

MacKinnon, Catharine, 96
Mágico de Oz, O, 79
Malcolm X, 85
Matsuda, Mari, 96
McLaren, Peter, 40, 163
medo da traição, por parte das mulheres negras, 135
medo do desmascaramento, por parte das mulheres brancas, 135
Memmi, Albert, 63
Menchú, Rigoberta, 115
mente e corpo, cisão entre, 170, 239; a pedagogia e a, 242; desafio à, 171-2
mentira, 37
mercantilização, processo de, 91
Mercer, Kobena, 88
Merton, Thomas, 249
Miller, Alice, 79
misoginia, como reação, 89
Mohanty, Chandra, 27, 46-7
Morrison, Toni, 41, 49, 107, 166, 178
mudança: o pensamento crítico e a possibilidade de, 252; promessa de mudança multicultural, 31-2
Mulher, Estudos da, alunas negras nos cursos de, 7-8; alunos negros nos cursos de, 144-7; e a importância da prática de vida, 19; modificações pró-forma no currículo dos cursos de, 49
mulheres, conceito das, das professoras universitárias brancas, 229
Mulheres que amam demais (Norwood), 42
multiculturalismo: códigos culturais no, 52; na educação, 56
mundo multicultural, lecionar num, 45-56

N

não conformidade, 6
narrativas confessionais, partilha de, entre aluno e professor, 26. *Ver também* experiência
negação, 239
negra, experiência: desvalorizada no contexto da crítica feminista, 101-2; determinada pelo gênero, 159; do ponto de vista feminista, 160-1; ignorância acerca da, 152-3; pontos de vista dos alunos sobre a, 143-9
negra, luta pela libertação: necessidade de manter a, 86-7; o movimento feminista e a, 142

negras, mulheres: amargura em relação às brancas, 123-4; ausência de suas vozes, 132; como objetos de sujeição por parte dos homens negros, 121-4; crescimento da consciência feminista entre as, 146-9; e a falta de recompensas institucionais, 157-8; falta de estudos feministas sobre as, 153-5; presentes apenas de maneira pró-forma nos estudos feministas, 102; seu direito ao diálogo e ao debate políticos, 87; seu modo de ver as mulheres brancas, 125-34

negritude, teorias da, 87-9

negro, vernáculo: como integrá-lo à escrita, 215; poder do, 214; uso do, 89

Negros, Estudos, cursos feministas de, 141-2

negros, homens: antifeminismo dos, 160; e o sexismo, 146-7; formas de poder dos, 151-2, 156; "vitimização" dos, 151-2, 156

negros, nacionalistas, e o uso da teoria crítica, 89

O

obediência, expectativa de, 4, 5

Oberlin College, 46, 166

objetificação, e a cultura da dominação, 175

"On Being the Object of Property" (Williams), 94

On Call (Jordan), 215

"On Race and Voice: Challenges for Liberation Education in the 1990s" (Mohanty), 27

opressão sexista, oposição feminista à, 90

Orner, Mimi, 26

Our Sister Killjoy (Aidoo), 119

"Outsiders" (Anderson), 223

ouvir, importância do, 187, 188-90

P

paixão da experiência, 114-7; definição, 116

paixão na sala de aula, 240, 242, 247-8

parcialidade(s): a tensão de ter de enfrentar, 3-4; distorcem a educação, 38; no currículo, 12; no pensamento feminista, 226; nos processos pedagógicos, 229

participação conjunta, como requisito, 255

Passionate Life, The (Keen), 243

passividade dos alunos, 228

patriarcado, teorias do, 89
pedagogia crítica: e a ênfase na voz, 231; e o decoro em sala de aula, 225. *Ver também* pedagogia; pedagogia engajada; pedagogia libertadora; pedagogia radical; pedagogia transformadora
Pedagogia do oprimido (Freire), 66
pedagogia engajada, 17-27; como engajamento recíproco, 255-6; como espetáculo, 201; compromisso com a, 253, 257; e a criação de um espaço para todos, 235; e a expressão dos alunos, 26; e a questão da classe social, 236; exigências da, 11-3; recompensas da, 254, 257. *Ver também* pedagogia; pedagogia crítica; pedagogia libertadora; pedagogia radical; pedagogia transformadora
pedagogia libertadora: apoio institucional à, 201; desenvolvimento, 183; e o espaço, 185. *Ver também* pedagogia; pedagogia crítica; pedagogia engajada; pedagogia radical; pedagogia transformadora
pedagogia radical: definição, 11; requisitos, 9. *Ver também* pedagogia; pedagogia engajada; pedagogia libertadora; pedagogia transformadora
pedagogia transformadora: objetivo da, 50; seminário sobre, 46-50. *Ver também* pedagogia; pedagogia crítica; pedagogia engajada; pedagogia libertadora; pedagogia radical
pedagogia: e a cisão entre mente e corpo, 242; e a prática da liberdade, 7, 258; integridade na, 18-9. *Ver também* pedagogia engajada; pedagogia libertadora; pedagogia radical; pedagogia transformadora
Penn, Rosalyn Terborg, 159
pensamento crítico: e a possibilidade de mudança, 252; na educação, 25
perspectivas epistemológicas, tendência burguesa das, 229
poder, uso construtivo do, 234
política de identidade: como estratégia de exclusão ou dominação, 105; e os modos de conhecimento, 112
"Politics of Radical Black Subjectivity, The" (hooks), 100
Por quem os sinos dobram (Hemingway), 41, 42
Por uma pedagogia da pergunta (Freire), 62, 70, 73, 74

práticas pedagógicas: necessidade de mudança das, 177; progressistas, 179-80; reação, 181-2

prática: definição, 18; tornar real na, 62

Prisoners of Childhood (Miller), 79

processos pedagógicos: Eros e os, 239-49; o erotismo e os, 240-1; parcialidades burguesas nos, 230

"Producing Sex, Theory, and Culture: Gay/Straight Re-Mappings in Contemporary Feminism" (King), 80

professor: autoatualização do, 20-1; como curador, 20; como modelos, 256-8; definição, 207; necessidade de parar de dar aula de vez em quando, 206-7; papel do, 166-71; presença do, 172-5. *Ver também* professor universitário

professor universitário: como aprendiz, 191-2; como observador, 197; e a partilha de narrativas confessionais, 26-7; qualidade de "astro" do, 202; seu papel participativo junto aos alunos, 190-3. *Ver também* professor

programa estabelecido, desafio de mudar o, 195-6

Psychology Today, 240

Q

Question of Voice: The Search for Legitimacy, A (Scapp), 165-6

R

raça e gênero, 99-110, 136-7

raça, bairros segregados por, 124-5

"'Race' under Erasure? Poststructuralist Afro--American Literary Theory" (Fuss), 110

raciais, relações, perspectivas patriarcais sobre as, 119-20

racial, dominação, esforços das mulheres brancas para manter a, 120-1

racial, integração, efeitos da, 3-4

racismo: e a estrutura das salas de aula, 106; política do, no contexto global, 68; presença do, no contexto feminista, 138

racista, dominação: como fator nos contatos pessoais, 132; negação da, pelas mulheres brancas, 129

racista, estereotipagem, a dessegregação e a, 4

racista, opressão, cumplicidade das mulheres brancas com a, 134
Raft Is Not the Shore, The (Thich), 72
rap, 214
recompensas institucionais, falta de, para as mulheres negras, 157
repressão, 241; hábito de, 185
Rich, Adrienne, 130, 209, 214, 217, 241
Rollins, Judith, 127
Romanos 12:2, 43
Ryan, Jake, 222, 228, 236

S

Sackrey, Charles, 222, 228, 243
Said, Edward, 105
sala de aula libertadora: engajada, 211-7; poder da, 192
salas de aula, influências sobre a estrutura das, 106
Sandoval, Chela, 81
Scapp, Ron, diálogo com bell hooks, 165-207
sensação de isolamento devida à diferença de classe social, 226
"ser branca", significado de, 131
sexismo: de Freire, 71; e a estrutura das salas de aula, 106; e os jovens negros do sexo masculino, 147; oposição feminista ao, 90
Shange, Ntozake, 155, 158
Significance of Theory, The (Eagleton), 77
silêncio, imposição do, 224, 225
Skowhegan, Maine, 251
Smith, Barbara, 101, 153
Smith, Valerie, 159
Sociedade dos poetas mortos, 247
Spillers, Hortense, 101, 102, 159
spirituals, como mensagens de resistência, 212-3
status social, impacto da classe social sobre o, 226
Strangers in Paradise: Academics from the Working Class (Ryan/Sackrey), 222, 223, 231, 256
subjetividade, reconhecimento da, 175

T

Talking Back (hooks), 59
Telling Memories Among Southern Women: Domestic Workers Employers in the Segregated South (Tucker), 126
teoria: abismo entre teoria e prática, 84; como lugar de cura, 79; como prática libertadora, 77-96; mau uso da, 89-90; usos da, 82;

269

vínculo com a prática, 79-80.
  Ver também feminista, teoria
teoria crítica, usos da, 89-90
Thich Nhat Hanh, 18-20, 72
Thinking Through the Body
  (Gallop), 241
Thomas, Clarence, 38
trabalho dos professores
  universitários, 173-5
tradição, legitimidade da, 177-9
"Travelling Theory: Cultural
  Politics of Race and
  Representation" (Mercer), 88
"Toward a Phenomenology of
  Feminist Consciousness"
  (Bartky), 157
Tricycle, 257
Tucker, Susan, 126
turma, tamanho da, 51, 254-5;
  limites do, 201

V

vida familiar, mitos
  conservadores sobre a, 37
Village Voice, 24
voz: a autoridade da experiência
e a, 107; competição pela, 109;
ênfase na, 186-9; mudança da,
13; expressão da, 231-2;
questão da, 50

W

Walker, Alice, 158
Wallace, Michele, 93, 153, 155, 159
Ware, Celestine, 153
Watkins, Gloria, diálogo com
  Freire, 59-75. *Ver também*
  hooks, bell
West, Cornel, 48, 74, 164
Where Do We Go from Here?
  Chaos or Community (King),
  35
White, Deborah, 159-60
Williams, Patricia, 194
Wilson, Jane Ellen, 231, 256

Y

Yearning: Race, Gender and
  Cultural Politics (hooks), 92,
  100